新时期嘉定作家群
文学丛书

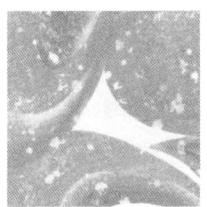

文匯出版社

新时期嘉定作家群
文学丛书

随波逐流

许佳 著

文匯出版社

新时期嘉定作家群文学丛书序

孙甘露

此次由文汇出版社出版的这套丛书,是在2010年,由上海文化出版社出版的《新时期嘉定作家群——资料卷、作品卷》的基础上,为进一步全面深入地回顾新时期以来嘉定作家的文学创作成就,以作家个人作品或作品集的形式,梳理展示嘉定作家在文学创作上的探索和贡献。同时,也令我们深思嘉定这一具有深厚的历史文化底蕴的古城如何在今日延续文脉,养育了风格如此多样的作家,他们的作品透露出对时代和生活的细致观察,叙事沉着从容,不为喧嚣的潮流所动,而角度和笔触又是迥异多姿。

此次收录文丛的殷慧芬、张旻、楼耀福、龚静、须兰、许佳、戴达、魏滨海、戴臻、陆棣、赖云青、赵春华、陶继明、葛秋栋、王威尔等十五位作家的作品,涉及了小说、散文、儿童文学等诸多领域,作家的年龄和创作经历也伴随着新中国的发展而来,他们的作品既表现了当代中国日常生活的巨大变化,也反映出时代变迁下不同阶层、不同领域的人群的内心生活的细微演化;同时,在不同时期和各自领域文学创作的流变中保持了敏锐的观察和高度的警惕,不为时俗所迷惑,又新意迭出,触动人心。深厚的生活积累和对文学历史的深入研究使这些作品周正、持重、谦逊而意蕴绵长。

对这些作家、作品的研读和品鉴，应该更多地着眼于上海文学乃至中国当代文学的视野中，更应该仔细地探寻滋养他们的嘉定的历史、文化、地理的特质和氛围。在某种意义上，特殊的地理位置，也使他们获得了有效的距离和冷静的观察，这种文学上的大城小镇正是孕育史上无数重要作家、催生重要作品的得天独厚的土壤。

正如许多专家、学者一再提及的，嘉定作为人文荟萃的名城，产生过钱大昕、陆俨少等著名的学者、艺术家、教育家等，我们深信，随着时间的推移，文丛所收录的嘉定作家的写作，会在历史的眼光中被不断地再发现、再阐发，也为后来者接续传统树立有益的典范。

2019 年 5 月 19 日

自序

本书收录我在两个不同的人生阶段的作品,内容均与家乡有关。

《随波逐流》,写于19岁的夏秋之交,记录我在这年夏天和好朋友严悦结伴的一次水乡之行。我们在青浦商榻租了一艘私人挂机水泥船,打算沿着河道,对江浙一带的水乡小镇作一番游历。途中计划有变,我们在同里上岸,走陆路继续漫游。回家之后,我写了这本书,首版书名叫《租一条船漫游江南》。其实《随波逐流》是我最初拟定的书名,在编辑的建议下作了改动。本次重版,我想完成自己的心愿,用回最早的书名。尽管看起来指向不太明确,但我心里对它是偏好的。

《环城河》是我在2015年上半年写作的一系列散文,记叙对象是我父母家附近的环城河公园。当时我正在孕期,每天去河边散步,眼看冬去春来,一路上的花树从萌动到盛放,再到凋零。我同它们照面得多了,久而久之,把它们看作了老朋友。我看到了它们最好看的样子、最细微的变化,所以心里对它们喜欢、感激。这一系列散文,从初春写到仲夏,是我为好朋友们作的小传。

《随波逐流》的写作时间,距离如今已很久远。这次在重版校对的过程中,我意外地读到了许多年代感强烈的词汇,例如邮局、招待所、公用电话、磁带随身听。当然，另有许多景象，是今天依然习见的，比如古镇上的购物街、叫卖臭豆腐的小商贩、拉客的餐厅老板。在南浔，我记录了过道边一块水泥路牌上的标识：距离上海149km。1999年，高速公路还不像今天那么发达，149km，是不算近了。可是在今天看来，这不就是几个小时的车程而已吗？因此文中写的那些小镇，无论当时是繁华还是空落，到了今天，已全部游人如织。

如果不是为了校对，我不会翻开早年的作品。阅读过程中看到当年青涩而带点少年矫情的自己，常想掩面伏桌。就连那种情绪，在今天看来也是属于上世纪的。

《环城河》的写作时间距离今天还算近。在写作过程中已经能很方便地通过手机查询各种植物的信息。2015年的盛夏还没过去，我女儿就出生了。从那以后，我不再能天天去河边探望我的朋友。一晃它们又开了三茬花，新的一茬眼看又要开了。就连我的女儿，也已经认识了香樟树，认识了栾树，认识了银杏树。老朋友们还是很友好地站在河边，等我们去探望。

这是一本怀旧的书吧。

或者说，这是一本旧的新书吧。

2019年2月28日

目录

环城河

003　引子
005　早春的花
009　阴晴不定的春天
013　热闹,又有点冷清
017　繁花与新叶
021　紫藤公园
026　蔷薇处处开
029　开花结果
033　黄梅之花

随波逐流

039　前言
040　商榻——梦开始的地方
051　在锦溪
059　在甪直
077　在周庄
102　在同里
126　东山和西山
151　在移山

164　在南浔
181　在平望
184　在黎里
191　在芦墟
197　后记：从起点到终点

环城河

引子

我算是个城里人，但从小喜欢田园、乡村，喜欢开阔的地方。随着年岁的增长，对花鸟鱼虫、自然风物的一股热情不减反增。

我家在上海市郊的嘉定镇。跟许多保留了古代形制的小镇一样，它以东、南、西、北四个城门来划分地域，四周稀稀拉拉保留着几段残破的古城墙。城墙大体已经消失，但一条绕城的河流还健康地活着。这就是环城河。它抵御过入侵的清军，也承担过运输的重任。我小时候，夜里常常听见河道上传来货轮的鸣笛声。现在，货轮在这样的小河道已经很少见了。沿环城河建起了一条小道，绕城一周，把河边的许多小公园连接在一起。其中靠南的一段，成了我日常的散步道。

在刚刚过去的冬天里，我重拾散步的习惯。只要天不下雨，我就喜欢上河边游荡半个小时。最近一段日子，在这段路上，就像在世界上大多数地方一样，正在发生季节更替。每天走上小道，我都发现周遭又有了新的变化，就像一支曲子，开始只是钢琴弹出几个音，慢慢地，弦乐加入进来了，管乐加入进来了，鼓点也响起来了，许多人的声音唱开了……很快，你就沉浸进去，加入了进去，自己也分不清哪个在奏，哪个在唱了。它不再是具体的，而成为一种无所不包的情绪了。

季节的更替带给我这么多美好的感受，使我觉得这条散步道就是最大的人生慰藉。一路上的白玉兰、红叶李、梨花、樱花、垂柳，都成了我的朋友。还有许多花木，我根本不认得。我买了几本植物百科书，每天在小道上徘徊得也更久了。一旦留意，我发现身边原来有这么多植物，好多都是新鲜的，以前好像连看都没看过。因为一下子看到太多，我尝试做些笔记，这样等到花落了，果结了，等到下个春天花再开起来，我不至于忘记它们。

早春的花

过去的半个月属于白玉兰。整树白花在一夜间齐齐开放，就算最粗心大意的人也要忍不住驻足仰望。你可能忽略柳条上的新芽，可能看不上乱糟糟的迎春花，但是这么硕大、这么洁白的花，几百朵一同盛开，怎么也不能视若无睹啊。

对大多数城里人来说，春天就是从白玉兰开花的那一天开始的。

河岸边栽着几棵高大的白玉兰。它们正好位于小道一个弯势的尽头，被路边其他树木遮挡着，在远处看不见。必得兜过那个弯，几乎走到树下，它们才一跃进入视线。这么一解释，你也许可以理解半个月前，我顺着小道转出去，一眼看到满树白花时的惊喜心情。

其实，早几天我就注意到了它们的花苞——洁白中带一抹抹茶色，包裹得那样紧，满不像这么快就会开。不只白玉兰如此，春天整个的就来得这样处心积虑。天空还是惨白的，风还直钻进骨髓，垂柳却已经长出了嫩芽。眼睛看不见，耳朵里听见鸟叫声一天比一天热闹。一开头，一切都这样小心进行，拿寒风和阴雨作掩饰，尽量不惹人注意。只等挑定一个合适的日子，天空澄静透明，白玉兰就绽开了。它是春天发来的一个信号：一切准备就绪，大合奏就要开场。

接着来了几场春雨。入夜就下，天明即收。几场雨下来，最早开放的那株白玉兰很快开过了头。像有一双调皮的手，硬是把花瓣一片片往外掰开，大白瓷勺般的花瓣终于纷纷落地。不过，还有晚开的那些，正噙着花苞，有秩序地等候，一树接一树，一起进入它们这支主题曲的高潮部分。

与此同时，红叶李已经开始奏出它们的序曲——刚进入开头的若干个小节。它们的枝条带着暗红色，细小的叶片透出暗红色，花萼也是暗红色，这里那里，粉白色的小花星星点点地开放。它们这支曲子没那么震动人心，但是乐团的演奏者数量众多。等着吧，你还来不及反应过来，它们就满世界地开了。在小区里，在公园里，在街边，白花红叶，从头到脚都小巧玲珑的，就是它们。

每下过一场雨，气温就攀升一点。不知不觉到了这一天：温润而清新的空气，开始催促人们脱下冬衣。可能只有从小在江南一带长大的人，才能准确接收到这种空气所传达的信号：呵，春天果真到了。

在紫荆树银灰色的树干上，还遗留着大串大串去年结成的，形似豆荚的果实——它们早已彻底风干。这时候，一种紫红色的，极小又极密的花苞紧贴树干爆了出来，两三天光景，就爬得遍布上下，一直爬到梢头。它们跟枝干贴得这么紧，一点空隙不留，仿佛就是从树皮底下绽出来的新鲜血肉。细看之下，你会发现它们像一枚枚紫红色的小松果。不久以后，这些"松果"就会变成小绒球般的花朵，把银灰色枝条浑身盖住，裹得密不透风。

在白玉兰树的一侧，一株梨花盛开了。它这么热闹，这么娇嫩，这么新鲜，俨然想代表整个春天——多的不用，一树梨花就足够了，它自己也像是有这个意思。蜜蜂可能还没全部动员起来，但已经有一两只飞来。说不定这是它们最自在的时节，就像一个独自散步的人，不用搭讪，没有争抢，整株树、一切花、全部春天都归它自己消受。

垂柳总是繁花的铺陈，像一盘精美糕点底下垫的细纸，吃的人很可能根本没看见它，但是垫了和没垫，偏偏差得又很远。近处的花开出一片云霞，如果缺了远处的烟柳，凭空要失却多少柔情蜜意。其实，趁着大家都在开花，垂柳也开出花来了——就像极其细小的麦穗，参差夹杂在柳叶之间。一定要看到这些花穗，你才会明白，早春时节垂柳那一种嫩绿中透出的鹅黄是来自哪里。

在我散步的这条路上，隔着河，能看到对岸居民小区的一棵垂柳。本来就斜倚岸边而生，树干又长得低斜，柳条就跨过护栏往下长，越垂越低，几乎拂到了水面，像一个人坐在岸边，看着河水清凉，忍不住伸手下去，却总是只差着这么一点点，怎么也够不到水。我常常隔岸看它几眼，估计要等到春去夏来，也许它才能一偿夙愿。

迎春、连翘、黄素馨都在接茬开放。矮矮的灌木，枝条上满满开着小黄花——这些朴素的花朵，只能算春光的几处闲笔。大自然有没使完的力气，或者在这里那里看到一点空隙，为不浪费，就把它们各处添上，求个热闹。迎春和连翘都是先开花，再长叶，黄素馨却是在绿叶中开出花朵。迎春花有六瓣，喇叭形，金钟花只四瓣，像一把没合严的小黄伞。黄素馨的花比它们都大一圈，花瓣还往往生出双层，像个小圆盘似的绽开。

到了这个周末，白玉兰的曲子就差不多奏完了，紫玉兰又紧紧跟上。河边和公园里的人比平日要多，玩具摊也凑着热闹摆开。一大家人，祖孙三代，挤坐在桥栏上，正对着我熟悉的那几棵白玉兰树出神。温度出人意外地高，阳光蒸起地上前些天攒下的湿气，靠近地面飘着一层热雾，使人仿佛走进了澡堂，懒得讲话，眼睛也有点睁不开。树上的大白花落光了，游客们的眼光总是看向别处。

环顾四周，很容易发现桃花和海棠接下来随时都会开放。樱花正在边开边落。茶花一向是有点像什么人故意用别针把它们的大红花朵安到绿叶丛中去的，这两天也都安装停当，开门迎客了。

我还天天记挂着白玉兰，一有空就要去看看它们。花落了，我感到惋惜，但也有限。接下来一段时间，我的所过之处，每天都会发生变化，我觉得这里的任何一点变化都是大事，一高兴，为落花可惜的心情就被冲走了。反正那几棵白玉兰是我的朋友。每次经过树下，我还是像见到老朋友那样，想起它们的许多好处。我总认为，春天就是由它们起头的。

阴晴不定的春天

从周二开始的高温令人猝不及防。早晨刚过七点,屋子就被照得透亮。正午十二点,热腾腾的尘埃从地面升到半空,日头虽大,空气却不澄明。傍晚将近六点,户外还热得像下午,白昼懒洋洋地滞留不去。到了夜里九点,天是暗下来了,夜空却并不怎么黑。明晃晃的月亮往下,闪烁着一片粉紫色的大气。

耐不住炎热,香樟树的叶片加速变红落地,晚间,浓郁的香气飘浮在街道上,近乎刺鼻。紫藤架上,上周才刚露头的花苞受到引诱,刚过两三天,花穗就探出一大截,像新生小狗的尾巴似的在风中摇摆。现在可以清晰地分辨出它们的颜色了:青紫色的将要开出紫色花朵,浅绿色的则会开雪白的花。

今年的紫藤,看来比往年要开得早了。

羞答答的海棠花等到了最暖和的日子,终于盛开。在粉色的垂丝海棠左近,几树白海棠也映着嫩叶开放。樱花却进入了一个新阶段:花蕊从嫩黄转为艳红,接着染红花瓣末端,使得雪白的花朵焕发艳光。随着阵阵风过,花瓣打着旋缓缓飘落,在树下铺了一地。就这样,时间悄悄放缓了。

晚樱很应景地含苞待放了。玫瑰色的花蕾、桃粉色的花朵、重重叠叠的花瓣——它看起来就像我们小时候在手工课上用粉色皱纸叠成的花儿,越开越大,一朵挤着一朵,喜气洋洋的。它就是要比那白色的樱花晚开十天半个月，那边花瓣渐渐落尽，这边才刚开出三朵五朵。仲春已近尾声，花形繁复的晚樱，就宣告着那些更大、更艳、更热闹的花朵们的开放。

不过现在就去说它们，毕竟有点为时过早。你看红叶李虽然落尽，桃花还留着一两朵，紫藤花虽然未成气候，紫荆那满枝的小花倒是开得不留缝隙了。属于豆科的紫荆，花朵和蚕豆花一样，两片对生花瓣在上头展开，另两片花瓣在下方合拢，包裹着细长的花蕊，犹如一大群艳紫色小飞虫栖在枝头。

度过宛若初夏的三天，到了星期四，雷雨和夜幕一同降临。下第一场雨的时候，我正在地铁里。出得地铁站，雨刚巧停了，户外一片清凉，正像雨后的夏夜。吃饱了雨水的榉树，树干的褐色更深，新叶的嫩绿更透。树下等车的人们，也从一种被热气蒸得昏昏沉沉的状态中醒转过来了。

雨断断续续下了一夜。第二天早晨，气温比前一天跌去一半。十几个小时前还穿着短裤，露着膀子的人们，这时又穿起毛衣和外套来了。前两天，紫藤公园里人流如织，趁着好天气，大家都来赏樱。随着温度骤降，公园和河边又清静起来。凉风不松不紧地吹，沿河走了十几分钟，还是感觉不到一丝暖意。

季节的短暂倒错不会影响春天的进程。垂丝海棠的花朵沾了雨水，愈发显得弱不胜风，在枝头垂得更低了。零星的紫藤花已经从最高处开始吐蕊。紫玉兰和二乔玉兰经受住风雨，半个月来始终保持着完满。而白玉兰的绿叶长齐，让大树完全换了一副天真的面目。

残留的樱花花瓣被大雨打去大半，剩下许多赤裸裸的红色花托。仔细看看，你会发现不少绿色果实掩映在枝叶之间，已经初具形态。不过，这些用来观赏的樱花可能长不出我们爱吃的大樱桃。比起我们，鸟儿更青睐它们。

整整一个冬季，几株红枫躲在小径避风处，留住了满树的枯叶。这些叶片蜷缩成一团，远看就像一大串小黄铃铛，在风里晃晃荡荡。直到现在，好些枯叶依旧勾留在细树枝上，而崭新的红叶已经生发出来。它们表面密被一层白色细毛，一开始是纤细的一束一束，像红色小手向下垂着。再过几天，这些小手就会打开，细毛也将褪尽。去年的枯叶到这时候才终于待不住了，枝头只会留下一片浓浓的红色。

几个星期以来，河边一长溜长着心形小叶片的灌木丛一直在发生变化。先是在顶端冒出一种绯红、下垂的叶片，密密麻麻地盖住了整个表面。接着，在这些新长出来的红色嫩枝顶端，又悄悄生好了一簇簇花蕾——不起眼，个头又小，颜色跟叶片一模一样，一开始实在难以分辨这究竟是花，还是又一茬新叶。而今，艳红色的细长花朵终于从里头吐出来了，每一朵都由四片飘带般的花瓣组成，簇拥在一起，才显得繁荣。它们叫作红花檵木。一旦花朵开满，远远看去就是一片火红。

新发出的银杏叶片，大小刚够让铁扇公主含在嘴里。石榴树则已经长满了橙色的嫩叶。远远的，像有一支蜡笔顺着水杉树的轮廓给它涂上一圈绿色。到处都在生发。只消一天的暖阳，人家自己在墙根下、阳台上种的小鸡毛菜就蹿出老高，只等收割了。

我家的两只黄喉拟水龟，睡了懒觉，也终于从冬眠中热醒。发了两天呆，到第二天夜里，雄龟抖擞精神，开始不懈地往雌龟身上爬，龟壳相撞，弄得噼啪作响，把人吵得难以入睡。在被窝里叽咕了一阵，希望它们自觉停止，谁知没完没了，愈演愈烈，于是只好走过去把它们强行分开。

其实也不奏效的。

热闹，又有点冷清

姑娘手捧一束干花，一边讲电话，一边走进地铁车厢落座。

"我刚买了一束花。"

"是风干花，挺好的，可以一直保持到九月份呢。"

"……什么？不为什么，我觉得挺好的，我喜欢，就买了。"

"……三十块钱。"

"没有发票。就那种推车里买的，人家不开发票。"

姑娘讲话，开头暖洋洋的，几句话之间急转直下，到收线的时候变得冷若冰霜。

春风化雨的浪漫心境，被电话那头不解风情的蠢货搅了。一路上，姑娘手捧干花，一边低头细嗅，一边想心事。

暖热的春天正式来了。这个礼拜正逢二月二十八"老和尚过江"，刮了几天大风，下了若干场小雨。风是湿润的，空气里仿佛流动着大颗水珠，把空气变沉了，就连太阳也被拉低了些，正午时分，人走在外面，觉得哪里都是太阳，棉絮似的把世界包裹起来。

定睛看看，那又不是棉絮，反像柳絮。柳树的花开败了，绿色表皮一簇簇绽开，释放出一团团白色绒毛。凑近河边的垂柳细看，只见枝条像从棉花堆里钻出来，露着一张不大清洁的隔夜脸，满头白絮。风一吹，它们就四散飞走。

在广种悬铃木的市区核心地带，黄褐色的绒毛像小虫子，成群往行人的脸上扑。往高处看，那些如同毛线球般挂在树枝上的小圆球，其实并非悬铃木的果实，而是由许许多多雌蕊聚合在一起构成。到了合适的时机，小球散开，裹着绒毛的种子就随风散播出去。

播撒种子的时节到了，过敏的时节也到了。小猫小狗正在换毛，人的头脸、身上，也好像突然密密盖上一层细毛。春天是毛茸茸的。

也是香喷喷的。环城河边的紫藤公园正在迎来一年中最好，同时最坏的季节。花架上，紫藤的花串每一天都长得更长，有些甚至触手可及。顶端的花朵陆续开放了，底部的还很瘦小，成片地随风款摆，透露着一派天真。

花架底下，人也是一天比一天多。在这占地不过 1.1 公顷的小公园里，不管走到哪个角落，都能看到游客扬起脑袋左右乱转，半张着口发出叹息。有的人头一回来，不过五分钟，就绕着紫藤架走完了一圈，不由流露出吃亏的神情向旁人询问：就是这些了吗？远道而来，他们觉得没有尽兴。但是一阵风过，他们又忍不住眉开眼笑，连连说：香啊！真的很香！

紫色花朵头一批开放，白色花朵紧随其后，娇嫩的粉色紫藤还在遮遮掩掩，意思里再要多等四五天。紫藤的盛花期尚未来到，但香气已经传开。

可是，在这个香气腾腾的园子里，池塘的西南角，却混进了一个不大合时宜的角色。仿佛对紫藤感到不服气似的，它也偏要在这个时机开花，还要大开特开，把一团团小小的白花开满一树,让人家刚一进门,站在池塘对岸就能看到它。它那个位置呢,又恰好在紫藤架的左近,紧靠小路。人们要去紫藤架下,就非从它身边过不可。有的人一心想看紫藤,一路小跑,根本看都不看它,就过去了。细心些的人可就一下站定,左顾右盼起来了:什么东西,味道那么刺鼻呀?

最后,他们就会看到这棵树。一树深绿,映衬着大簇大簇的小白花。浅黄色花蕊,长长的蕊须,看上去是多么清新可爱。许多人自然就走上前去,想仔细嗅嗅这小花朵。没想到,一股刺鼻的气味直冲脑壳,绝不让人愉悦,还有点引人作呕。

石楠的花朵,气味是如此浓烈,令人难忘。我一向感到这种气味根本不像来自植物,而属于荤腥一类。最近在常看的订阅号"植物星球"里,看到作者推送了一篇有关石楠的文章,把它的花朵的气味比作"精液的味道"。这比喻听起来荒唐,却是恰如其分。据说,石楠花的刺鼻气味,可能是由一种叫作"三甲胺"的成分引起的,这种成分在常温下会散发鱼腥恶臭。总而言之,在香气浓郁的紫藤面前,却兀自开出这样气味刺鼻的花朵,这株石楠也有它自己的一种幽默感。

绕出紫藤公园,远离花香和人声,在环城河边,我发现春天正进入一个平稳宁静,甚至有点嫌沉闷的阶段。季节前半段开的花,现在大都落了,唯有晚樱还留在舞台上,唱它的繁复的咏叹调。粉色花朵一嘟噜叠着一嘟噜,快把枝头压弯了,把新生的叶片也映红了。

高高的泡桐树,枝头缀满吊钟形花朵,刚开出来就有即将落幕的气息,花瓣湿漉漉、沉甸甸的,像舞台上的幕布、更衣间长年不见阳光的舞裙。可是，开了已经将近半个月，总是一派颓势，却总疲软地挂在高处，不肯谢幕。直到最近几天，它们才大量落下地来。不像落花时依旧娇媚的樱花和海棠，泡桐花离枝的样子，看起来是早已死了。

在离地面很近的地方，毛杜鹃盛开了。透着家常气息，说不上多美，颜色倒很浓艳——像是戏院里中场休息时的遣兴节目，怕你心里发闷，所以开来给你看看。

在松树、香樟、女贞的绿荫下，一丛丛日本鸢尾也盛开了。它们的颜色是那样雅致，姿态是那样幽静，又偏要开在避人的暗影里，根本不为了别人，只为自己高兴。日本鸢尾更通俗的名字叫作蝴蝶花。它正有这种自得其乐的风范，让路过的人忍不住想趁它不备，蹑手蹑脚走过去，把它扑在双掌之间。

新的大事在暗地里酝酿，此刻还不能揭晓。白玉兰的叶片长到巴掌那么大了，杨树不慌不忙，刚刚发出心形的嫩叶。夹竹桃的叶底密密麻麻爬满蚜虫。刚孵化不久，它们通体还是耀眼的金黄色。定睛观察十分钟，看不到它们挪动一星半点，除去摆摆触须，它们的大胖身体根本不想有任何动作。可是，蚜虫也是会长距离迁徙的——不靠翅膀和腿脚，一阵阵暖风拂过，自会带它们远走。

繁花与新叶

和热的周末把人们吸引到户外来了。街边小店的老板对自己有个折叠桌感到很得意。他在门外树下把桌子展开,邀请朋友邻里一起喝茶、嗑瓜子。没有桌子的汉子找来几张硬纸板,往地上一铺,就地坐下打牌,一直打到日头西斜。

公园草坪上空前热闹,铺满了花花绿绿的野餐毯和一次性塑料台布。每一株花树前都有人在留影。几个星期以来,柳叶绿得浓了,叶片也长成形了。许多人折下柳条,编成环戴在头上,满脸热得发红。在河边烧烤的年轻学生们吃多了,谈兴被困意驱散,三三两两坐下来打盹。

上个星期我曾密切注意着一株高大的樱花。在许多春花都开始含苞、吐蕊的时候,它的枝头还是光秃秃的,毫无动静。不过,一两场雨之后,到上星期天,毛茸茸的花骨朵顺着树枝爆出来了。又过了一两天,每一个花苞里都冒出三五个花蕊。

树下开始洋溢着淡淡的少女脂粉香。随着花朵盛开,枝头其余紧闭的芽苞也渐次打开了:刚冒头的叶片,起初带一抹绯红,舒展、成熟之后,成为新鲜的绿色,在阳光底下,跟花瓣一样透亮。它们这种开朗的表情,让所有人见了都羡慕。

比起樱花来,海棠花就要害羞得多。树上挂满了小灯笼般的花苞,已经快半个月。它今天开三五朵,明天开六七朵,总不肯一气儿全开出来。白玉兰开了又落了。红叶李开了又落了,小花瓣落在泥地上,像给泥土嵌进许多浅粉色小石子。樱花、桃花都盛开了。可是西府海棠和垂丝海棠呢,我今天去看看它们,明天又去看看它们,它们老是在含苞待放。直到气温上二十度,阳光一照,终于开出好些来。至于那些躲在树荫下的,可还不着急,慢条斯理地捱着呢。

春天不只属于鲜花。小叶黄杨、冬青、枫树、桃叶珊瑚……差不多所有常绿树都在发出半透明的新芽。沿着河岸走去,到处能看到红叶石楠。一簇簇鲜红发亮的新叶在深绿的枝叶顶端冒尖了,柔嫩、鲜艳,不亚于花朵。桂树的嫩叶也带着绯红,在一树浓绿映衬之下显得格外年轻。蚊母树的新叶同嫩枝一起伸展。新生的枝条是深红色,如同血管一般,将色彩注入叶脉之中。隐藏在深绿、肥厚、茂密的成熟叶片底部,亮晶晶的紫红色小花朵也在偷偷开放。蚊母树的花朵没有花瓣,只有花药,像一团团极小的石榴籽,要是不注意,还不容易看到。

白花落尽的白玉兰树发出了新叶。一开头,叶片躲在浅褐色芽苞里。摘下一个看,能看到厚实的、长满绒毛的表皮包裹着里头的嫩叶,仿佛蚱蜢的两片翅膀之间露出嫩绿色腹部,还在微微起伏。白玉兰返老还童了。

前段日子,挂在香樟树上一冬的果子开始成熟落地。树下小径上铺着一层黑色果实,一路走,一路把它们踩破了,啪啪直响。香樟在城里很常见,各处人行道上都是一片紫黑色,散发着它们独有的清香。慢慢地,落到地上的黑色香樟果越来越少,终于,最后的一些果实也落下来了,枝头只剩零星几个没有一起掉落的果蒂。香樟树开始长出一个个像新破土的嫩竹笋似的芽苞，又尖又细，里面不仅包裹着一簇嫩叶，在互生的叶片中央，还有一枝香樟花的嫩芽正在沉睡——到下一个深秋，它们就会长成一嘟噜一嘟噜的黑色果实。

刚从芽苞里探头的香樟叶是黄绿色，太阳一晒，就透出淡淡的粉橙色。随着新叶生发，年老的叶片变干变脆，纷纷离开枝头。抬头看，春意正浓，低头看，却让人以为秋天已经来了。

在高大的树木下面，生长着一丛丛八角金盘。每根主干顶头都发出了有点像百合花蕾的芽苞。一开始是浅黄褐色，紧紧缩成一团。接着，芽苞慢慢松动，颜色也从褐色转成淡绿。几枚对生的圆圆叶片展开了——它们有八个角，正面绿得深，背面绿得浅。这时候的叶片就像刚破壳的小蜥蜴，蜷缩着，身体没有完全舒展开来，身上也带着潮气。有了温暖的气候和充足的雨水，它们很快会结实起来，浓绿起来，最后长成又硬、又大、蒲扇般的叶片。去年长成的那些叶片们，现在就在新叶的下方，像是担心它们一不小心掉下，准备随时托住它们似的。而最最接近地面的叶片被年富力强的叶片取代，正在枯萎死去。八角金盘的主干，就这样一年一年随着叶片的生息而长高了。

河边的丁香花一束束相继开放。就在上个礼拜，我还踮着脚，瞪着它们颜色暗淡、小得不起眼的花蕾看，疑惑这会开出什么花呢。有好多树，只有在开花的几天里，我们才认得，才记起它们。

紫藤架上，上个星期还能看到藤条交缠，最近这几天，在最高处可以找到花苞了。最初是跟藤条相近的深褐色，眯起双眼才看得到。周末给暖阳一照，不少花苞微微绽开，还很幼小的花冠在花萼底下露出了头——只有在最明亮的阳光下才能分辨出暗幽幽的紫色，成串的花冠还紧缩在一起，看着好像一条小龙满被鳞甲的尾巴梢。

从现在往后算起，大半个月以后，这座小公园里就会挤满为了看紫藤而专程赶来的人群。真正的香花，就要登场了。

紫藤公园

三月初的一天,阳光已经和暖了,风还带着丝丝凉意。在城河边,我看到一对六十岁光景的夫妻,带着一个打扮得很好看的、刚学步的小女孩,正向过路人打听紫藤公园往哪里走。那人答说不知。夫妻俩嘴里喃喃着,站在一座小小拱桥的脚下,想拾级上去,又犹豫着不知方向对不对。我上前说,你们去紫藤公园,跟着我走就好了。

一路上我告诉他们,现在来是过于早了,到下个月中旬,才是紫藤的花期。获得了向导,夫妻俩都松一口气,流露出陌生来客的腼腆。他们对我说,是的,今天想先认认路,过一个月再来,就找得到了。

其时的紫藤公园,才刚显出少许入春的迹象。树木陆续绽出嫩芽,东南角的几株白玉兰正含苞欲放,在春天浅蓝色的天空映照下,池塘的水色也见得明亮起来。阳光疏阔地投到紫藤架下,印出藤条弯曲的影子,在长椅上一折两折,又复爬上铁架,跟那投下影子的实体交缠在一起。

长椅上有人久坐闲聊,晒晒太阳。紫藤架下站着、走着锻炼的人,不声不响,从事一些强度不高的运动。有个年轻男人,常闭眼直立在太阳地里冥想。人从他身边经过,他浑然不觉。

春意当时尚还稀薄,好比一杯刚冲的茶,茶叶未及舒展,茶汤微带了青晕，喝上去却还是淡的，唯有一团热气蒸起茶香，把鼻尖濡湿了。

从那时算起，四十多天过去了。今天的紫藤公园彻底换了一番模样。热闹填满了疏阔，甚至满溢出去。花和叶密密覆盖着紫藤架，把阳光全部截住，只供它们的蔓延生发。紫藤架下布满绿荫，也充塞了人潮。连空气中都饱和了浓郁的花香，它钻进人们的鼻腔和咽喉，让人感觉呼吸道瞬间扩张一倍，而依旧被香气堵得密不透风。"香啊！真香啊！"大家仰着头，高举的双手擎着手机和相机，一边拍照，一边大声叹息。大多数人说它好闻，人丛中也总有一两个嫌香过了头。无论是爱的，还是不爱的，人们都被这暖烘烘的香气熏得晕头转向，在紫藤架下七拐八绕，流连不去。

紫藤花盛开的讯息如花粉般随风散播，引来大批人流，从早到晚络绎不绝地踏足这座小公园。这一阵，不管什么时间走近，穿过那条通往公园的夹弄，远远都看见马路对面走着一行人，前后间隔几乎相等的距离，正往公园大门的方向去。久而久之，这幅画面仿佛化为静止，人虽然在蠕蠕地动，大概望去却总是不变。

园中的景象也处在流动的静止当中。早晨八点敲过，轰轰烈烈的赏花活动就开始了，一直要持续到傍晚六点。摄影爱好者们爬高伏低，神情肃穆，沉浸在创作里。三脚架频繁地在紫藤架下移动，镜头比较短的人，总是跟着那些镜头最长的人跑来跑去。为了照相，人们能够付出多少辛苦！女人们带着一包衣服，一大早坐一小时地铁赶来。不管是少女还是大妈，无不面露天真，在镜头前摆出千奇百怪，同时又是千篇一律的姿势。那些准备充分的人，比如穿了旗袍、舞裙、少数民族服装等特别花巧的衣服，又仔细做过头发、化好了妆的，就尤其受到拍摄者的欢迎。在她们周围聚集起一个半圆，像明星开发布会那样，不管是认识的人，还是不认识的人，都要为她留影。

还有一些团体，特地挑了这个时节赶来，计划在花下排开，高歌几曲，或是跳一段《小苹果》，把美好的场面录制下来，作为一个集体创作，或是派发，或是留作纪念，歌颂彼此的友情和才华。到了现场，才发现紫藤架下太拥挤，光线又嫌不够，所以退而求其次，站在草坪上，镜头也能收入身后的花朵。

天光由清冽转为炽热，到了午后变得和煦，接着渐渐减退，终于在花荫下和在露天里，人们兴奋的脸看上去都是同样明暗了。人流到这时才逐渐散去。而暮色四合之后，还是有许多附近的居民赶来。为了看清花朵，他们打开手机上的电筒。园里脚步杂沓，纵横着一束束白光，像在进行一场搜捕，气氛却是散漫的。

一周下来，草坪被踩个精秃，露出一块块干硬的泥地。在人们频繁跨越的地方，杜鹃丛也倒伏了。唯有头顶上的紫藤花依然故我。它们攀着高处，离人群近是近，却不怕受拥挤。

除去靠近公园中央的一株苏州"虎丘"之外，这些紫藤全部来自日本。与中国常见品种不同，它们的花序特别修长，最长的"熊野""久伊豆""长者"，花序可以长达一米。就是我这样的矮个子，踮起脚尖也能触到一串花朵的末端。花序长，花朵排列得比较疏落，从顶端延伸到底，像一盏盏水晶灯，随风轻轻摇曳。名叫"阿知"的紫藤开粉色花，名叫"安了寺"的紫藤开白色花，一层衬一层，像各色的糖霜在阳光下化开。还有一种"八重"，花序不长，花朵独具一格，不是豆科植物常见的唇形花，却是一朵朵小绢花似的复瓣，紫色也比别的品种来得浓郁，掩映在嫩绿叶片中，仿佛一串串葡萄。另有一种"开东阁"，也是浓紫，花序又长，这样深浅相映，亮地里格外明亮，又像在后面投下了紫色的暗影。

从栽下它们算起至今，已经过去八年。而仅仅在三四年前，知道这座公园的人还仅限于周边居民。在我的亲朋好友里，是我爸爸最先发现了它。每年四月，他密切注意着，等到盛花期那一周，他以主人的热忱，邀请朋友们前来一游。公园虽然很小，进门就几乎一览无余，但没有一个人来过之后感到后悔。有几个人来过一次之后，次年又来，年复一年，形成了一个固定的节日。

四年前，四月的紫藤公园是静谧的，早晨和傍晚甚至称得上空寂。因了这种空寂，每一个发现它的人，心底都有意无意地把它看作是属于自己。拥有一件珍宝，自然想拿出来向朋友炫耀。假如园中只有自己，招待着自己的好朋友，那真是再完美不过了。而别人带了别人的朋友来，多少让人感到是一种侵犯。

越来越多的人邀来了朋友，现在，紫藤公园被无数根本不了解它的人占领了。

这想法偶尔会划过我的脑际。另一方面，我深知这是自私又愚蠢的偏见。1997年，日本冈山县和气町原町长藤本道生先生带着100多株紫藤前来，把它们无偿捐献给公园。自那以后，他年年自己出资飞来指导整枝，匆匆来去，甚至不做一日逗留。八年之间，两边的藤条在花架顶端紧紧交了臂，接着向更远处舒展开去，树干也长到海碗粗细。每一年，紫藤开得这样好，它们可不是属于任何人的。我呢，碰到问路的人，还是会很高兴地给他们指路。这时，心里又好像受了抬举：他们来看紫藤花呢！

过去的一个礼拜，我起床越来越早，期望在人流涌来之前抵达熟悉的园子，多少独享它一刻钟。不过，去得再早，也总是会碰到怀抱跟我同样想法的人。

清晨的园子，人虽算不上稀少，但多数是独往独来，所以四下还很安宁。我略坐一坐，直到两个清洁工拿着大竹扫帚，在路当中大刀阔斧地横扫过来——这是第一批人流即将涌入的信号，清洁工仿佛在为大部队开路。

赶在那扫帚掀起的尘土弥漫过来之前，我就起身走出去，往东南角，取道环城河边的散步道回家。奇怪的是，在一天中的任何时候，无论园里如何喧闹，河边却总是人单影只。一小片松树林，把这一边和那一边隔成两个天地，连花香都闻不见了，欢声笑语似乎从很遥远的地方传来。

环城河边也搭了一段短短的紫藤架，新树种下不久，树干还只有胳膊粗，叶片盖不满铁架，好几株尚未成熟到开花的年龄。不过，也有几株已经垂下花序，开出淡紫色花朵来了。我秘密地在这里小坐片刻。按最近光顾的人数来平摊，我能独个分到头顶上这几串花，已经是受到特别优待了。

一个多月前，就在这附近，我遇见了那对带着孙女来访路的夫妇。最近我时常想，不知道他们又来过没有，有没有赶上最好的时节，有没有玩得尽兴。我依旧不由自主地以主人自居，一心但愿紫藤没有让他们失望。

蔷薇处处开

谷雨一过，河面忽然被初生的浮萍盖满。它们一时不知该往哪儿去，全部挤在一处凑热闹，两三天之后，对这种拥挤感到厌倦了，才纷纷四散漂远。

湖水绿得更浓，在潮湿天气里散发出暗幽幽的草腥味。那是呼吸、生长、排泄和欲望共同作用所制造出来的气息，不太美妙，但很强烈。许多生物，哪怕就着炎炎日光，你都看不清楚。水平面以下光线朦胧，螺蛳覆盖着岸壁和河底。水草的经脉间，缠缠绕绕的是一串串鱼卵。立夏当天，鱼虫紧贴河岸聚集起来了，形成两条铁锈红色的细飘带，在河水中绵延而下。

安居乐业的季节到了。

春花落尽，草木隐入一片苍翠，融为背景。紫藤、刺槐，前不久香得夺人魂魄，此刻偃旗息鼓。大家轮流出过风头，现在谁都没了争胜的心。接下来要办的才是大事：秋天的种子，要从现在开始孕育。池塘托着莲叶，但莲花还不急着开。在这个季节，开出朵朵黄花的是荇菜——诗经中窈窕淑女在水中采摘的，就是这种水草。看它的花朵，倒像开在水里的丝瓜花。绿叶遮天，这是正经过日子了。

有点热，像要出汗，但热意还没坐实，又被一阵不疾不徐的风吹散了。在一片安详宁静的绿色当中，蔷薇花开了。

我从小特别偏爱蔷薇。没什么拿得上台面的理由，硬要说起来，可能只是因为常见。它开在墙头，开在路边，开在邻人院里，开在居委门前。譬如一个邻家女孩，天天见她，她的气色总是那么健康，笑靥总是那么娇憨，越看越顺眼，越看越喜欢，年深月久，就觉得她是我所见过的最可爱的姑娘，任凭别人如何天姿国色，都不如她这么生动、亲切、百看不厌。

蔷薇就是这么一种家常的花。虽然它娇艳不输月季，芳香不逊玫瑰，但是它不端架子，不讲排场，一点都不隆重。就算在公园里，它也不去占据中心地位，永远傍墙而生，混到园外的街景中去。你想看它，不用买门票，也不用专程前往，只要路过，它就开在眼前。

它的不隆重，特别是因为花朵的小，不想一朵跟一朵争奇斗艳，情愿大家一起开着，热热闹闹地来做个伴。蔷薇当中，正有一类叫作"七姊妹"，一枝上能开出粉色、红色、紫红等各色花朵，可见有多么热闹，多么要好。我家所在小区有个阿婆，院子里种的大花蔷薇年年开出红丝绒般的花朵。起先每一茎开一朵，很快地紧靠一朵又开一朵，又开一朵，这样越开越多，越开越大，最后四五朵花挤在一起，连花瓣都不能完全伸展开的样子，争先恐后地探出墙头。你心想，这藤蔓之间明明多的是地方，何苦要这么拥挤呢？可世界上就是有这样的花，也有这样不甘心独处的人，做什么都喜欢结伴同去的。

阿婆的蔷薇种了好多年，从我小时候起就开得这么好。隔墙赞美她的蔷薇，她总会提高嗓门邀请我"进来剪两枝回去"。这样说着，大剪子已经拿在手上了。推托也不顶用，她自己动手就剪了起来。

带回家插在紫玻璃瓶里的红蔷薇，总是伴随着初夏的第一支雪糕、第一块西瓜。浅绿色金属叶片的摇头电扇，将蔷薇的浓香徐徐吹送，还掺杂一缕细细的机油味。吃过晚饭出门散步，皮肤泛出凉意，轻薄的裙摆拍打着双腿，那舒适的感觉，每一年这个时候都是崭新雪亮的，在人心里引起一阵激动。与蔷薇有关的记忆，就与这些过日子的琐事联系在一起，全部像压在玻璃台板下面的照片那样，蒙着一层清凉的绿意。

蔷薇开了，初夏就来了。

开花结果

早熟禾在暑气中迅猛地蹿高。无论在路边的狭窄地带,还是宽阔的草坪,只要有泥土的地方,就能看到它们摇晃着青白色的穗头,混杂在结缕草、麦冬、三叶草和白车轴草之间,明显地高过它们一截。这种生命力旺盛的草,外形有些像麦穗,轻易长到过膝。在上午九点就开始变得热腾腾的空气中,成片的早熟禾为我常走过的这条河边小道平添了几分幽僻。

相对于春季的生机勃勃,夏季的基调是缓慢乃至静止的。白天从清晨五点就告开始,因此到了午前,树林和草丛的居民结束忙碌,陷入一种昏昏欲睡的气氛,也是理所当然。前一阵特别活跃的白头翁、棕背伯劳、珠颈斑鸠,现时完成了交配,自然而然减少交际,变稳重了。在低处的树荫下、草丛间,时常还能见到它们的踪迹,侧着身子,半是思索,半是观察,不怎么怕人。紫藤架下空无一人,被浓荫填满。舒卷的绿茎上,缀着一枚枚初生的细长豆角。紫荆结的豆角则是宽扁的,随心形叶片一同长大。它们将在树上待过整个夏季,这才刚算开头。

一阵马达的嗡嗡声从远处传来,打破了沉寂。走近一些,就嗅到青草汁液的气味。越是近,气味越强烈,及至嗡嗡声近在耳边,眼前的空气也充斥了飞扬的草沫,变得昏黄了。

两名工人正在草地上工作。他们是冲早熟禾来的。无数草茎被拦腰截断的声音，汇成一片连绵的轰鸣。割草机所过之处，摇曳的穗头消失了。片刻以后，马达声渐行渐远，周遭再度为寂静笼罩，而遥远的嗡嗡声，仿佛万物的脉搏，持续掀动着这新鲜、湿热的草腥气。

一颗颗红果，原本滚落在草丛深处，经此一劫，有的被碾碎，有的被翻了出来，带到路边。葡萄大小，诱人的酱红色——三月开满白花的红叶李，如今结出果子来了，比市售的李子瘦小得多，有我所熟悉的李子的涩味，却不带一丝甜味。

樱桃也已由青转红，有些落到地上的，已经通身紫黑。尽管如此，观赏花结出的果实总不过指甲盖大小，咬开来，一嘴酸涩。它们不是为人类准备的。

枇杷果掩映在叶片之间，吸收了日光的色彩，渐渐变得耀眼，叫经过树下的人忍不住抬头觊觎，可惜它们多数结得太高，轻易是够不到的。

看见树上结出果子，就嘴馋起来，一心想知道那果子到底好不好吃——这大概是人与生俱来的一种反应。桃花落了，桃子浑身还是银灰色，不比鸽子蛋大，就有人偷采回去，明知不好吃，还是摆在窗台上天天看着。石榴花的花萼刚裂开，露出红绢般的花瓣，人们就开始盼望花落果熟。在暮春时分，落花总是唤起人的无限留恋和感伤。一步入夏日，口腹之欲就占了上风，把赏花的心全盖过了。人们懒洋洋的眼里只看到果实，心心念念，只有它们的芬芳和多汁。

因此夏季的花朵，就一反春花的珍重，显得随随便便，甚至有点不修边幅，譬如姑娘在暑天里懒得打扮，套上家常的棉布背心裙，趿拉着拖鞋就出门去。火棘和海桐的白色小碎花，都是匆匆一晃，像完成任务似的，开上几天就歇了，根本不准备让人欣赏。过两天去看，花朵已经被一团团细小的果子取代。蜀葵本来独具风情，喇叭状的花朵，又大又艳。可是它简直没有自尊，河畔、墙边、屋檐下、树丛边，落在哪里，长在哪里。脚下一片乱草丛，仿佛无从落脚，它却硬挤在别的草木身边，无论如何，有个栖身之处，就能心满意足，大片大片地展开厚绒绒的绿叶，大朵大朵地开出花来。你以为这么轻薄娇嫩的花瓣不经晒，它偏能开上十天半月，总之是一无所有也能自得其乐的。

硕大的、毛茸茸的花苞，从广玉兰的叶片间探出头来。这高大的常绿树，总有一种笨拙的气质，从根到梢，无一处不是粗壮、阔大。叶片肥厚，绿得近乎墨色，一般的风吹不动它们。到得换叶季节，枯叶依旧长久地勾留在枝头，显得不拘小节。花瓣也是肥厚的，一朵朵有碗口那么大。当它们还在含苞的时候，我就感到以这样大的个头，有一天忽然"啪"一声裂开，花心中央坐着一个白胖娃娃，也毫不令人意外的。而这"啪"一声裂开的过程，就算在一棵树上，还要各个自行其是，今天开一朵，明天开三朵，毫无默契可言。满树花苞，好比几百个长相丰满，性子迟钝的美人，不是傲慢，只是大多数时间都用在发呆上了。

世界为慵懒所笼罩。而恰逢此时，金丝桃在雨后开放，为长日添上几许活泼的光彩。香樟树彻底褪去旧年的红叶，一色的浅绿树冠暴露在阳光下，闪闪发亮。它们就像小碎冰，投入芒果汁般黏稠的空气中，令人心怀一畅。

然而这些都是过客，不作久留的。夏天的正角，还得推夹竹桃,入夏徐徐绽放,边开边落,一直要开到初秋。

在我散步的河边,有一段三五十米长的短路,一侧是河流,另一侧满栽夹竹桃树。凭着向光的本能,这片小树林不约而同地往一面弯曲,后排的又努力要越过前排,于是在路面上方做成一列长长的华盖。每当暑热来临,我总是最喜欢穿过这段树荫。眼前和身后都是阳光晃眼,身周这一小段路却遮天蔽日,像个秘密洞窟。这几天,洞窟顶上开出白色和粉色的花来了,正对蓝天,又俯临碧水。

夹竹桃都喜欢水流,开在水上,还要打着旋,一路落到水上,逐波而去——可能就因为它是夏花的缘故。无论栽在哪里,就算是天井中、街道旁,那些完全见不到水面的地方,夹竹桃开花,也总带一股森森水气——不是大江大海那浩瀚的水雾,就是江南那些交错纵横的狭窄水道所泛出的淡淡腥气。叶绿得不很清洁,花开得不够烂漫,但微风一过,满眼也是碧波荡漾。

黄梅之花

家门口的街道两边种的是女贞,最近开满簇簇白花,几乎把整个绿色树冠遮没。随着气温上升,花越开越熟,终于落了一地,被过往的脚步一碾,更加散发出它们那种芳香中带着冲鼻的气味。在梅雨季潮湿的空气里,气味不容易消散。花香仿佛鸡蛋清般挂在树干、墙壁、门户和店招上。从树下路过,发丝、肩头、手指也会沾上气味。就算你特意放浅呼吸,它还是主动钻进你鼻孔里去,由不得你爱不爱闻。

真不知道女贞能开出多少花来。即便已经落了不少,树上还是一色的青白,沾了雨水,有的地方又泛出一团团暗黄。似乎它的花是一径落,一径开,生生不息。车停在树下过一夜,顶篷、前窗、车前盖上就密铺一层混杂着花瓣和花粉的碎末,香喷喷的,像是身披彩屑,刚从联欢会出来。最近,我们就时常开着这样的车出门,一路把女贞的花粉撒向各处。

在这个季节,另有一种树木,会开出气味浓郁的花朵,深受我的喜爱。那就是合欢。十几年前,这种高大的乔木经常被当作行道树栽种,十分常见。每到入夏,一朵朵小绒球般的合欢花就展开在羽毛般的叶片之间,把树梢染成粉色。这些花朵外观特别,都是由下端白色、上端粉色的细长柔毛组成,又像姑娘用的化妆刷,又像缀在长枪上的红缨——加上这个名字,我总觉得世上再也没有比它更娇柔浪漫的花了。其实,"合欢"二字倒并不是从花上来,而是来自它的叶——每到暮色降临,细长的小叶就从叶轴两边往中间靠拢,静静相合,所以合欢还有一个别名,叫作"夜合"。

也许是因为夏季日落后适合散步乘凉,也许因为叶闭合了,花就更加突出,总之合欢似乎在黄昏时分更引人注意。日头刚落下不久,天空还是瑰丽的蓝紫色,粉红的合欢花,像在琉璃瓦的房顶上,用宝石粉描绘的图样。这些花朵看上去轻柔,实际也确实很脆弱,经不住一阵风吹,一场雨打,宝石粉就化了,花整朵整朵地往下落。我记得家附近那条种着合欢树的马路,每到夏季总会铺上一层轻柔的粉红。这娇嫩的色彩经不起揉搓,很快暗淡了,变成一种红褐色,在水泥路面上留下一块块斑痕。带有淡淡脂粉味的花香,暴露在空气中久了,又经过踩踏,也就掺杂了一股甜丝丝的腐败气味。

过去的城镇,还不像今天这样讲求整洁。被合欢花的汁液染得斑斑驳驳的路面,正好与路边衣冠不整的纳凉人、贩卖西瓜的三轮车、路沿下的棒冰纸配成一对。死去的花朵的香气,混杂了烂西瓜皮的气味、从垃圾箱溢出的汁水的腐臭味、泼翻在地上的啤酒味,也是天衣无缝,难分彼此。

随着市容的整顿,昔日这些懒散的景象渐渐被扫除。合欢树,可能也因为落花太难处置的缘故,由更利落清爽的树木取代了。今天,道路边已经鲜见合欢的身影。只有在环城河边,我才能与它重见。粉色的柔荑,或没入草丛,或钻入土中,或飘落水波,清洁是清洁了,但总嫌冷清。合欢是属于人间的花,热烘烘的，好看而无所谓自重，是不怕玷污，也不怕零落的。

最珍重芳姿的花，要开在水里。气温一升，它的茎就蹿高。潮气一重，它的叶就扩大。雨点落得密了，它的花苞就饱满起来了。五月间，池塘还是荇菜的天下，短短半个月过去，荷叶就从水底冒出头来，撑起了一把把小圆伞。到六月中，池塘完全变了个面目，大片大片荷叶几乎把水面遮没，叶片中央聚着隔夜的雨水，随风款摆。一片田田之间，雪白的花苞也在这里那里昂起脑袋来了。不过，天气这么潮闷，它们还不大情愿就此开放。最好要等到云开雾散，霁月清风，才是荷花开放的好时节。开在盛夏，它是最爽快的花，绿要绿得浓，红要红得娇，白要白得透，容不得一星半点的拖泥带水。

泥土里也能长出酷似水生的花。大吴风草，别名莲蓬草，又叫荷叶三七，在没开花的时候，可真像是移植到路上的片片荷叶。整个上半年，这些绿油油的圆形叶片都在树下摇晃着，没多大动静。梅雨一到，它们忽然开出波斯菊般的小黄花来了。虽说形貌有点像荷叶，大吴风草却毫无荷花的高洁气息，而是一派庄稼汉的实事求是，花也开得不功不过，比不开花好些，不过是为了授粉、结果，所以不求独特。这种花形貌普通，花期却长，可以开过整个夏季，直到入秋。

其实夏季是叶的季节。日头一烈，悬铃木为你架起浓荫。雨点一大，芭蕉树为你弹奏衷曲。风过处，要有杨树的喧闹。日落后，要有樟树的清香。叶片太茁壮、太浓绿，把些星星点点的花色都遮蔽了。天热，人也懒，躲在屋里，只能透过窗户往外看个大概，满眼青葱。至于什么地方开了几朵花，沁出几许芳香，也就被热空气密密实实地包裹起来，木肤肤的，当时虽然感觉到，但手握一杯冰水，头脑一昏，立刻忘光了。

有一天，雨正将落未落，我在路边一丛小叶黄杨树冠上发现了一张大网。依凭枝叶的长势，它平铺开来，既向枝条借力，又悬空在叶丛之上。为了使它坚固，它的缔造者精心筹划，从一旁的铁栏杆高处往下扯出两束拉索，将网牢牢牵住。在大网的中心，缔造者又借用枝叶凹陷，织出一个洞穴，它本尊就端坐在阴影之中，外来者轻易看不见它，它却洞察一切。只等猎物落在眼前，它才现身。雨水漏下网去，一时却脱离不了，一滴滴挂在蛛网下部，仿佛给它装饰了几串珍珠。经历豪雨却安然无恙，打不穿，坠不破，可见这张蛛网织就得有多精心。端午一过，百虫滋生，这位吐丝寓公的生意即将发达了。

而虫豸一发动，人类就开始犯懒，这也是大自然的规律呀。夜里在地板上铺好席子，就地一躺，浑身黏糊糊的，连眼皮也像被汗糊住了。若不是手脚被叮得发痒，我们又怎么肯稍动一动呢。

随波逐流

前言

当我决定要坐着船漫游江南的时候,许多人都说那是不大可能的事——内河的客运如今已经基本不存在了,而自己租一艘船听上去简直是天方夜谭。在旅途中我发现:这设想的确有点异想天开。然而我却不由得庆幸起来:这种异想天开的事情,我居然可以让它开始!要不是因为我对航运一窍不通,以及我本人的傻头傻脑,那么1999年夏天就什么也不会发生了。

我现在总是觉得这次旅行是一个梦。出发之前,大家对能否成行都有点半信半疑。旅途中间,不论我把自己的意图告诉谁听,他都会不得要领地望着我,满眼迷茫。水乡的居民们挽着裤管站在水桥上,无法猜透我究竟是干什么的。回来之后,还是有人笑话说我这种行为根本就是异想天开。有一天我在床上醒来,突然记起自己完全不会游泳——一个不会游泳的人能从水路漫游水乡吗?可是一闭上眼睛,那些河道旁郁郁的芦苇就摇摆起来,依依不舍地向后退去;太湖中的水草也在碧清的水面下缓缓舒展,缠住我的魂魄……水面离我是如此的近……曾经有一度,水面与我如此接近……我坐在船沿,把脚伸到水里去——河水的温度、波浪的触摸,当时是那么模糊,现在又是那么清晰。于是我又懒惰起来,不再企图去弄清真相。当你合上眼帘的时候,所有的梦都是真实的。

商榻——梦开始的地方

在跑去商榻借船之前，我并不知道青浦还有商榻这样一个地方。旅行结束之后，我对每一个朋友说起这段经历，总是这样开头："我们坐船，从商榻出发……"我发现他们也对商榻一无所知。上海这个地方好像河流中的一块小洲，河水挟带着许许多多东西从它身边经过了，然而小洲上的大多数生物对河流毫无常识，虽然他们其实是在河流的包围中。过去我也是这样的一种生物——大概所有大都市里的人都是这样的一种生物。

我跑去商榻的那天，天气晴朗。我躲在汽车里面，有点不知所措地往外看。无数顷的阳光洒在无数顷的田地上，无论怎么看都有点铺张浪费，仿佛大白天开了许许多多日光灯，真是太不应该了。不过，也可能是我自己的感觉有问题——我像所有容易满足的城里人一样，习惯于房间里长方形的阳光，发现搅拌咖啡的小银勺上有个光斑，就会说啊生活是这样奢侈美满。现在叫我在大暑节气里欣赏万顷阳光的壮观景象，植物的绿色看上去辛辣无比，我自然傻掉了。毕竟谁也没有规定说白天不许开日光灯——我想通这点之后，很得意。

汽车经过了大观园。公路不是很宽，完全被树荫遮住了。风有一点，数不清的阳光的小眼睛在树荫中眨来眨去。我还是有一点呆，鬼头鬼脑地欠着身子，穿过树木与树木的空隙，看远处。

不知什么时候，天阴了下来，变成一种青壳鸭蛋的颜色。远远的是淀山湖，被青色的天和绿色的地挤成扁扁的一条线，闪烁着明亮匀净的灰白，隐约有湖水静悄悄渗到天空里去，模糊了天地的界限。风静悄悄地吹进车厢来——静悄悄也许是这里的一项作风，我想。正想着，依稀有清凉的湖水渗到心里。在夏天，清凉的东西永远无孔不入。

我找到商榻镇的余藕英镇长，希望她能帮助我联系合适的船。余镇长身段娇小，穿莹莹的宝蓝衣裙，在白腻的肌肤上隐隐笼罩着一抹透明的蓝影子——她是典型的水乡女子，眉目精细而不招摇，虽说看不出有什么惊人姿色，但这样的女子比较不肯老去；我深信在江南腹地居住着许许多多类似余镇长这样相貌的女子，她们的青春纤细而悠长，像水乡细长婉转的河道那样幽静地流淌，从来不曾间断。

我们很快说到了租船的事情。余镇长原先已为我联系了一艘船。一问之下，原来那是一艘快艇。这与我原先的设想有些出入。快艇的空间比较狭小，乘客既不能在上面活动，更不用说吃住都在船上了。然而我非常希望能够完全依靠船来完成这次旅行，趁机领略"枫桥夜泊"的情致。之前设想得太完美了，我实在不忍心为这个设想打下这么大的一个折扣。于是我一再询问余镇长，镇上是否有更具民间风味的船只。而余镇长则认为，不论从安全还是从效率的角度来看，快艇都是更加明智的选择。我有点发憷：原来有这么多因素是我过去所没有考虑到的——比方说，我以前一直以为河道里的船就是大家很自由地开来开去，没有多大规矩，却原来河流也像公路一样，有交通法规也有巡警管理,甚至也规定什么船不许通过什么河道,简直就像内环线、外环线一样令人头痛。

虽然听余镇长说得头头是道,但我还是贼心不死,再三请求她想办法找一艘民船。末了,她终于同开快艇的船工商量出,陈东村似乎有合乎要求的船。余镇长打电话联系好船主之后,我立刻跑到陈东村大队去,让大队长带我去看那艘被我寄予莫大期望的船。

其时已是下午,然而天色并不晴朗,天空被无数青白的云朵密密实实地遮掩住了。我跟在大队长身后,走过一小段被青草侵蚀的小路,走上一座普通而又颇见精巧的小石桥,心里不由有些忐忑。大队长一边下桥,一边伸右手指着远处说:"喏,就是那艘船。看见没有?"

我循着他所指的方向看去:桥下碧波荡漾,狭窄的河道两边像摆家家似的种着小块自留地,鸭子三三两两意兴阑珊地在水里散步,不时游近水桥上洗东西的人——岸边一棵不知名的大树,绿得很好,树荫罩着那艘红顶白窗的小船。青白的天色衬得任何景物的轮廓都异常鲜明,河水碧绿的,深深闪烁着青白的光道。四下里极其静谧。突然一只不知身在何方的知了放声唱了起来,唱得那么用功而放肆,好像要在刹那之间把它深埋地底七年的嘹亮魂魄蒸发到云端里去——知了都是一些亡命之徒,真的。

我心里有个什么被知了不要命的歌声震得醒了过来。停下脚步,我站在桥上注视着泊于绿水中的小船。我说:"哦……"

这是一艘挂机水泥船,船主是一位五十多岁姓薛的老伯伯,看上去活脱脱一个精干的庄稼汉。薛伯伯于两三年前对船进行了改造，在船上加出一个铁皮的封闭舱，四面开窗。船舱分为两间：小的一间是张床，大的一间两边做了木椅子，也可以拼成床。船上有液化气罐子，有卫生间，也有低压电供给晚间的照明。水乡的风俗，有婚嫁喜事时要用船去接新娘子，这艘船就经常充做接新娘的船，因而船舱里还放着大红皮鼓和各色彩旗。想象村里有嫁娶的日子，披红盖头的新娘躲在船舱里，红色的船在碧波荡漾中一路悠悠驶过，两岸居民闻声纷纷出门观看，议论着是哪一家的小伙娶哪一家的姑娘，猜测着新娘的眉眼口鼻……而小船依旧喜气洋洋地往前驶去，满载由绿水作证的命中注定。这样的婚姻想来总应该幸福美满才对。

而这艘船更出名的用途，是在每年秋收时节，各个大队里都要请戏班子来演出——到时候，船舱里坐着演员，穿越河道，从一个村到另一个村。听上去有种十分隆重的感觉。我坐在蚊子兴隆的船舱里，环顾四周，扭头看到窗边一面翠绿塑料框的镜子。一晃眼，镜子里照出闹嚷嚷的船舱，抹红了面颊、拖长了鬓角的演员们带些疲惫，人挨人挤来挤去，一双双顾盼流丸的清水眼，不时匆匆而定定地朝镜子一张；水红、水蓝、水绿的酥软长袖飘过，带起一句湿濡濡的念白，笼罩在绿色水波的光影中，有些捉摸不定。

我又在船舱里坐了片刻，被蚊子叮到数口。大家都说，到底要找一艘什么样的船，全看我自己的感觉，只要我感觉对了就成。我抬头，看见舱顶上波光粼粼，闪得我头晕。其实我并不是那么善于决策。当我决定要租这艘船的时候，心里习惯性地慌了一下。我假装很镇定，假装在考虑，探头探脑望望窗外，吃惊地发现一艘小得难以想象的赤黄色木船正打我所在的船身边经过。这艘木船狭而尖，两边高高的，与我们平时在公园里坐的小船完全不同，乍一看仿佛很难在水中保持平衡。一对渔民打扮的老夫妇坐在里面，配合默契地摇着橹。除他俩之外，小木船上堆满了各种渔具——显然这是一艘小渔船。我没想到这么小的一艘船竟然可以划得这样快和稳。还记得很小的时候，我曾经试着采过一次菱，当时要坐在木盆里面，由我表姐划到水中央去——那个盆摇晃得非常可怕，以至于我不顾一切地放声大哭，吓得表姐也手忙脚乱。眼前这艘船简直比那个木盆还要小，而它看起来却如此可靠，摇船的那对老夫妇还在对我笑。

我注视着渐渐远去的小渔船，决定要租薛伯伯这艘船。

回到商榻镇上，谢过了余镇长，同她告别之后，我乘上巴士到青浦汽车站去。刚在车上坐定，就发现每个座位靠背上都插着一把扇子。我说："咦，怎么有扇子？"售票员立刻回答说："扇子么让客人扇风呀。"我就拿了一把，起劲地扇着，说："你们想得很周到嘛。在别的地方没碰到过。"

售票员是一个四十多岁的汉子，看起来一天到晚都懂得自得其乐，因而微微有点发福，胡子大概有几天忘记刮了，面颊上稍微有点乱糟糟。他大声说："这个么，车子开起来自然风凉了，可是一旦车子停下来——特别是假如堵车的话，那客人就很吃力了，所以嘛，所以嘛……"他得意万分，喋喋不休，同样的话摇头晃脑地说了总有十分钟，车上每个人看着他都微笑了。

售票员住口不一会儿，车子停在一个小站上，看没有人下车，门就关上了。突然一个人"哇"地大叫一声，犹如晴天霹雳，把大家都吓得跳了起来。只见一个农民模样的中年妇人从后排挤出来，手里啰啰唆唆地拎着许多包裹，一边走，还一边回头对熟人道别，又忙忙地说："到哉，到哉！"不知是自言自语，还是告诉售票员的。快乐的售票员大声说："给你吓死了！亏得车上没有人心脏有毛病。"妇人哈哈笑着，满脸通红，还是说："到哉，到哉！"快快乐乐地冲下车。与之聊天的那个人坐在车上哈哈大笑。车上的人，连带售票员，看到她们那么开心的样子，都哈哈笑了起来。

　　我也哈哈笑了很久。车窗外的绿色田野又明亮又亲切，看上去都像我自己的，令我心满意足。

　　几天之后，8月7日，我再一次来到商榻。这一次是和我的旅伴严悦一道，加上背上的许多行李。又是一个盛大的晴天。前一段日子始终是拖泥带水的阴雨天气，然而到了我准备出发的时候，太阳却大方地跑了出来，就像专门是为了我。

　　小路和小船都是熟悉的。船泊在树荫下面，也是熟悉的。船舱门开着，和几天前见到时不同，已经整理得干干净净。我和严悦走下船舱，把行李放在椅子上。舱顶依旧波光粼粼——我不由想立刻坐下来，在这里不上岸去。于是我坐了下来，往窗外看——灰灰白白的小鸭子百无聊赖地游过视野。几天前看到的那对老夫妇和他们的渔船，现在不知在哪里。他俩当时对我笑，笑容里带着点和善的诧异，随即他们渐行渐远，简直像一对老神仙。他们在一艘小木船里是那么驾轻就熟，他们在狭窄的河道里是那么如鱼得水，他们还在笑——他们那种笑，不是因为觉得什么滑稽或者得了什么利益，而是有一种这样的情形：当人生活得不用再考虑任何突发和额外情况的时候，他通常会毫无理由地笑，笑容与他的生命融为一体，浑然天成。

我坐在船舱里，瞪着舱顶的波光粼粼，很想念很想念那对老夫妇。我现在所在的地方，和我将要漫游的地方，对他俩来说一定具有一种我所不懂得的意义，对此我既失落又好奇。

严悦是第一次看到这艘船。她在船舱里走来走去，兴高采烈地摆动着手脚。她是一个瘦高个子，手长脚长，于是我就看到她细长的手脚在眼前晃来晃去——可惜她只会弹钢琴，不会唱戏。我问："怎样？"她脸上带着不甘心笑出来的神情，说："嘿嘿，蛮好，蛮好。"说着坐在了我的对面。

我们两个呆呆地坐着，面面相觑，没有想什么，也说不上不想什么。船舱里待了两个人，看起来就有一点狭小。世界安静。粼粼波光在视野中悄悄闪动。

看见舱门口出现一个小女孩的脑袋时，我也说不清自己这样坐了多久。女孩看上去八九岁大，天生一张兴高采烈的笑脸。她的头发黄而稀薄，扎了两个小辫子，箍上大红的发箍，一看就是个活泼俏皮的农村小女孩。在她身后依稀还可以看到两个小孩的身影。我对他们微笑，假装自己丝毫也不窘迫。女孩注视着我，半晌，说："你们就是坐船的人吗？"我说："是啊。"尝试着问她："你呢？"她说："这是我大爷的船呀。""大爷"就是"爷爷"的意思。虽然这压根儿说不上是什么巧合，但我还是又惊又喜，马上站起身，请女孩带我们去找她的大爷。话音刚落，薛伯伯就已经跳上船来了。

薛伯伯邀请我们到他家去坐一会儿。我们就把行李撂在船上，跟着他跳下了船。小船和陆地之间隔着两米左右的距离，用一块跳板连接起来。薛伯伯在上面如履平地，然而对我和严悦来说，这却有点小小的困难。刚才上来时就像走钢丝一样，现在下去，又费了一番周折。我从小就是一个在运动方面出奇迟钝的人，走这块跳板的情形假如被人看见，他一定认为颇有值得回味之处。

薛伯伯家离河边非常近，两三步就到。他家的房子在当地算是比较旧式的，没有盖楼房。门前一块不大的场地，铺满了青草——听说是为山羊准备的冬天的口粮。进门就是厨房，一角有大灶，看得出日常还一直使用。厨房里靠左手的门通向一条狭窄的走廊，穿过走廊，就是房后的院子。院子一角有羊圈，中央种着几棵我所不能确认的果树。深处开了一条渠，上面搭着木板，充作桥，过桥开辟了挺大的一个鸭舍，新生不久的两百多只小鸭子在竹篱笆里面蹒跚而过，左顾右盼。一只白色大公鸡傲然站在篱笆上面，若有所思。

我们商定，吃过午饭之后就起锚出发。看看时间还早，我就和严悦跑了出去，打算到村子里溜达溜达。

到处都是找船那天我在小桥上看到的瓜棚豆架。而现在我们正置身于这瓜棚豆架的景观中间，一条条硕大的老丝瓜在头顶上方微微摇动。在一个比较大的丝瓜架下，五六只大白鹅围成一圈，伸长了脖子，默默无语。我记得在上海的44路车站上，有一次看见一个农民用竹筐装着两只白鹅，在等车。我兴奋地大喊大叫，企图号召走过的人来看一看这两只鹅，可是没有人理睬我——路人不扭头，农民不吱声，连鹅本身也毫无反应。在场所有人和物全都呆呆的，令人沮丧。现在，我看到聚会在丝瓜架下的大白鹅们，绿色映衬下，它们每一个都是深谙世事的模样。从小就听说，鹅是一种凶猛的禽类，会啄人。我相信凶猛的动物都懂得思考，常常愤世嫉俗。

一群鸭子吵吵嚷嚷地走过鹅的身边，向水桥走去。它们有的是花白，有的是白色，每一只都像住宅条件简陋的人一样怀着满腔怨气，摇摆着屁股。它们前前后后地走下水桥的最后一级阶梯，频繁交换左右脚的重心，有点茫然地注视着河水，摩拳擦掌，好像永远也不可能准备好下水的样子。当有人走下水桥时，它们于无奈之下手忙脚乱地踏入水中。我知道鸭子是一种淫乱的水禽，过着朝不保夕而精彩纷呈的生活，叫人既不齿又羡慕。我欣赏它们在碧水中款款游动的模样——它们划着水，转动出各种各样的水波，一会儿左顾右盼，一会儿埋头看看胸脯，以此可以无休无止地取悦自己。我想动物可爱的地方，在于它们易怒而善忘，平生不懂胸怀大志，十分想得开——我望着鸭子在小河里聚散离合，悠然神往。严悦站在我的身后，默然无语。

印象最深刻的是一个赤脚小男孩。他从桥下面的小路上一路飞奔上桥，光着两只脚丫子。当发现我们在看着他时，他的脚步慢了下来，偷偷摸摸地紧挨桥栏，慢吞吞朝前蹭过来。走到桥中间，他停下脚步。我们对他笑，他瞪着大眼睛打量我们，光脚丫在桥面上画着奇奇怪怪的花样。我们僵持了很久。一个人常常会不带理由地喜欢上什么，比方我喜欢这个光着脚的小男孩。后来，我们又在田埂上撞到了。他带领着一帮看样子比他大的孩子，闹哄哄走过来，发现我时，这帮孩子一下子不响了。他们站在比我站的田埂高一些的路上，低头打量我。我又很笨地对他们笑起来。田边一群群高过他们的野草模糊了他们的脸，风吹野草摆动，他们的脸也在摆动。有几个小孩在左顾右盼，寻找让他们笑或者不笑的信号。而我一举起照相机，他们就"哇"地大叫大笑，蒙住脸四散奔逃，纷纷消失在绿色稻田中。唯有那个赤脚小男孩蹲了下来，黑阴阴的大眼睛，像风吹稻田时微微颤动的水，阴凉地，绿油油一闪，又一闪，对着我。这个小孩子非常通灵地明白我喜欢他。

逛累了，我们坐在一条太阳走不进的夹弄里，和一对老夫妇谈天。附近有一条卖西瓜的船，隔几分钟就有人捧着一种极小的西瓜，笑眯眯地走过。一个老爷爷驾着小船靠岸——刚浇完粪，他满身臭烘烘地走过，和老夫妇打招呼。又过一会儿，有个人提着篮子和塑料桶，许多啰里八唆的东西，默默走到水桥上，从桶里捞出黄鳝，开始划鳝丝。严悦捅捅我，说："看呀，看呀。"那个人划得很慢，很用力，好像不大熟练的样子。又有几个油头粉面的年轻人从桥那边走过来，站在桥头说话，不时瞄我们一眼。世界陷入了我所难以习惯的绝对宁静之中，既没有汽车喇叭声，也没有无线电广播声，既没有说话声，也没有脚步声。这宁静给人一种错觉，仿佛即便有一根钢针掉在地上，也不可能发出声音。老夫妇坐在我对面，捧着大碗，无声地吃饭。划鳝丝的人无声地划鳝丝。年轻人无声地聊天。鸟无声地飞过。鸭子无声地跳下水。几步开外的水桥上,黄鳝在一个不擅长划鳝丝的人手里无声无息地死去。穿堂风不时吹过,像黄鳝,又湿又滑,不会说话。

在薛伯伯家吃过午饭,我们登上小船,正式开始江南之行。摘下手表之前,我看了一眼:一点十五分。我把手表放进书包。以后的旅行里,时间就融化在碧波荡漾之中了。

在锦溪

我坐在船头。船在河道里穿行,风像河水一样流过来,有种湿凉的阻力。当河道变得窄小的时候,看起来河岸近在咫尺,简直可以一跃而上。常常有其他的船只与我们擦身而过,看得见船上的人肆无忌惮地叉开了两腿,在睡午觉。有的船民刚巧睡醒,揉着眼睛,突然看到我,不由大吃一惊。没有睡觉的船民,也往往注意地打量着我们这条船。他们谁也无法猜透我们是去干什么。

我们现在航行的地方,是人口相当密集的地区。岸上到处是居民的住宅和水桥。鸭子们有时勇敢地跃下水来,在船只的空隙间穿行。有一两次,眼看船头就要撞到鸭子,我叫起来,谁知船开过后回头张望,那只鸭子依旧我行我素地向对岸游去。我想想,别人看到我穿马路的时候,大概也是惊险万状吧。

在比较宽阔的河道里,水面往往被分割成为很多块。渔民们用竹竿和渔网在水里划分了地界,将鱼饲养在一定的地域中间,水面以下用网圈住,防止鱼逃出去。竹竿高出水面近两米,顶端经常可以发现闲置的渔网、破旧的煤油灯、小孩的袜子,甚至一面猎猎飞舞的彩旗。在人口密集的江南,似乎到处都留下了人的踪迹。

航行约莫一个小时,不知不觉间从窄长的河道进入了一个小湖泊。视野中突然出现一条雪白的湖上长堤,看样子显然不久前刚修葺过。长堤后面不远,河边密密麻麻地簇拥着好些房子,一看就是个小镇。我估计这就到锦溪了。

在勾勒旅行路线的过程中,我用的是一张印刷时间比较早的地图。当时看到由商榻往北不远,有一个叫作陈墓的小镇。我不明白为什么在地名中有个"墓"字,听上去总有些不是味道。后来听说,所谓陈墓,其实就是现在的锦溪。我于是想当然地以为"锦溪"是当地人为讨好口彩而新造的名字。又听十几年前到过锦溪(当时还是陈墓)的班马老师说过,由水道进入小镇,可以看见镇边有一大片坟地,他猜想"陈墓"其名就由此而来。然而我万万没有料到,在我来到这里的时候,首先映入眼帘的却是一条雪白的长堤——我不由疑心起这究竟是不是真正的锦溪来了。

正在疑疑惑惑中间,薛伯伯已将小船开进了这座小镇。如此看来,这是锦溪无疑了。那么十几年前的坟地在哪里呢?我扭头往船舱里看——严悦蜷缩在长椅上,睡得正酣。

长堤的一边有座看似禅院的建筑,刚才在镇外的湖上,可以看见它的内部——靠湖那一边没有筑墙,院内一大片绿草葱茏滑落到湖水中。而靠镇的这一边则被围墙隐藏起来。我与薛伯伯商量,能否把船停靠在这座禅院外的岸边,他依言驾船靠了过去。

眼看离岸越来越近,岸上紧靠禅院的一栋老房子里突然走出一位老伯伯,冲我们喊着什么。我以为他说这里不准停船,或是停船要收费一类的话——既然河道里有治安警察,自然也会有收停船费的事了。只是船已然靠上了岸,来不及再退出去。我站在船头,大叫:"什么?"那位老伯伯以口音浓重的当地话叫:"你们是不是唱戏的?"一边朝我们走近来。

严悦这时刚巧走上船头。听见老伯伯的问话,我俩面面相觑。我们有什么地方像唱戏的吗?我喊回去:"不是不是,我们是来玩的。"他不由有些诧异,说:"玩啊……那你们上不上来呢?"我笑起来,大声说:"当然上来了。"我们就上岸去。

老伯伯名叫徐德仁,是镇上一位著名的画师,专画锦溪风光。他刚才走出来的那栋老房子就是他的德仁画室。他邀请我们到他的画室去坐坐。不大的画室里,四面墙上大大小小挂的都是徐伯伯的作品,墙边也堆得横七竖八,桌子看来是由好几张书桌拼成的,然而桌上里三层外三层地铺着书画以及笔砚,倒也无从窥出真相。我沿着四壁转了一圈,粗粗欣赏了一遍墙上的画作。全部都是风光画,并且画的多是小桥流水人家的景致——黑瓦灰墙、乌篷小船、波光粼粼、桥影重重,掩映于沉甸甸的绿树丛中,天边几缕曼长的灰云,静谧慵懒,好像小镇在天空浮动的倒影。技法上并没有过人之处,然而画面明快而灵动,自有一种意境。我观看的过程中,徐伯伯一直在旁边为我作讲解,告诉我每幅画所描绘的景点,果然所有的画面都取自锦溪镇上。

我把自己这次漫游江南的计划告诉了徐伯伯。他一听之下,大感兴趣,立刻翻箱倒柜地寻找与锦溪有关的资料给我,还取出他创作的十六米长卷《锦溪八景》给我看,向我滔滔不绝地介绍锦溪的名胜。我邀请他坐到外面船头,细细地把他的经历以及锦溪的来历告诉我听,他欣然应允。

我从船舱里搬出一条长凳,同徐伯伯坐在船头,听他娓娓道来。原来他年轻时是个船工,爱好文艺,经常拉拉胡琴、吹吹笛子、唱唱沪剧锡剧。到 38 岁上，他见到别人画肖像，突然开始对美术感兴趣，于是想方设法，拜师学艺，琢磨起绘画来。在学习的过程中，有许多人给了他帮助，加上他自己的痴迷，慢慢也有了些成就。徐伯伯文化水平不高，也没有受过美术方面专业系统的训练，他半道出家，自己摸索，大胆地寻找山水画的路径。他的作品充满了民俗风味，质朴明快。以他对锦溪地方的纯熟了解，加上他对把锦溪搬到纸上的执着专注，他用一颗诚恳的心画下了他所爱的家园。

说到高兴处，徐伯伯干脆拿出胡琴，端坐船头，自弹自唱起来。他的表情如此执着如此单纯。从这个老人身上，我看到了一个明亮的人生。他过去一直是工人，病退之后办画室，除去镇上的一些资助，用的大部分是自己的积蓄。他为人慷慨大方，画画不为盈利，常常把作品无偿赠送。他准备以微薄的退休工资实现自己画下锦溪的夙愿。他亲口说，画画是他生命的一部分，不画画，他是不能生活的。他高唱几十年来唱熟的曲调，沉浸在自己热爱的世界里。所谓恣意，所谓尽兴，就是这样的一种人生吧？

说到关于锦溪的资料，徐伯伯执意要骑车到镇新华书店去帮我买。跑了一趟，他回来说书店已关门了，不过没关系，他明天买了给我送来。我大惊，忙说不用了，一会儿我们就要到甪直去。徐伯伯连连摇手，说不要紧，明天他骑车来找我们。百般推托之下，他依旧坚持。

第二天在甪直，直到午后也不见徐伯伯来，无奈之下，只好启程离开，我心想，也许他没有找到书吧。谁知等旅行归来之后，再与他联系，才知他那天竟真去了，并且到处问询，花了整整一上午才寻访到，可惜当时我们已经出发，只有当地人告诉他我们在那里泊过船。

徐伯伯还给我讲了锦溪地名的变迁。锦溪是这里的本名。南宋绍兴后期，金主完颜亮调动大军向南进犯。宋高宗下诏亲征，由当时的皇太子赵玮扈跸同行，并有太子精通武艺的陈、葛二妃请求同往。然而由于金兵的瓜州驻军发生哗变，敌人已自行退去。太子在战船上摆宴庆贺，不料陈妃因多吃了几只蟹，积寒腹中，阴痛不止，三天后竟病逝了。同时高宗决定内禅，让位于太子，陈妃的灵柩自然不能一起回京。于是太子在平江一带寻找坟地，最后葬陈妃于锦溪五保湖中一个隐藏在浅水中的独圩墩。锦溪在这之后的八百三十年里，就改名作"陈墓"，直到1992年才恢复原名。这样说来，所谓"陈墓"，同我"有一大片坟地"的阴森想法是毫无干系了。

徐伯伯又说起锦溪著名的"三十六桥、七十二窑"，说当地的桥是如何灵秀，当地的砖瓦是如何赫赫有名。时间正是下午，阳光露了脸，幸而有微风拂面，倒也不觉得燥热。徐伯伯兴致勃勃地说起自己生于斯长于斯的锦溪，双手来回翻动飞舞，熟悉自豪之情溢于言表，就像锦溪是由他一手带大的一个孩子。而他对锦溪的满腔热爱、对锦溪未来所寄予的期望，又分明渗透着一颗赤子之心。他反反复复地将锦溪与大名鼎鼎的周庄做着比较，就像一个怀揣稀世珍宝却碰不到识货买主的商人，叹息不已。

碧清的湖水中，船影荡漾。听徐伯伯说，泊船的湖就叫五保湖，陈妃水冢就在那条长堤外面——据说水冢不论湖里水涨还是水落，始终隐藏在近尺深的水下，好像会浮沉似的，从未被水淹没。我到画室旁边那座叫作莲池院的禅院,站在植着古树、铺着青砖的岸边空地上,眺望陈妃水冢。只见小洲上一片绿意葱茏,静谧安详。那位不知面目的陈妃假如真得以葬在这里,也真是死得其所,葬出了一个风华绝代。

几百年来,这座小镇伴随着陈妃的传说浮浮沉沉。好像中国所有的城镇都与此相似,必须在传说情结中浮沉。其实,不过几十年前,锦溪、周庄,或者是江南的其他小镇,都是如此相似:当地居民临河居住,每天到同一条河里洗衣、洗菜、刷恭桶;姑娘们戴着包头布穿街而过,用甜糯的乡音打招呼;老人坐在家门口低矮的竹椅上,姿势几乎是匍匐,"呼噜呼噜"抽着水烟,以这种惊天动地的响声提醒路人他依旧活着;夏天,睡莲懒懒地开出来,不知不觉开了满池,仿佛是睡莲自己的失误……后来——不过十几年前,由于一些我所无法参透的复杂的原因,也或许仅仅出于一个巧合,周庄名声大噪,一夜间成为中国第一水乡,至于为什么是周庄而不是锦溪不是其他小镇,这很难说。

眼前的锦溪显出一丝疲惫和衰老。临河人家在缺乏规划的情况下自由的搭建使小镇看来有些凌乱。然而小镇的水——正如数百年来所称的——依旧清澈透明。1976年夏天,沈从文先生曾偕夫人来这里探亲。他在河边流连,把锦溪比作了睡梦中的少女。直到今天,锦溪街头还鲜有游客,锦溪依旧沉浸在睡梦中。可是,在睡梦中难道真是一件坏事吗?真要为此耿耿于怀吗?当年令沈从文先生沉醉的,不就是锦溪恬美明净的睡态吗?所谓溪,必然细小清静,很难想象一个喧闹繁华的锦溪。只可惜,农业已很难维持一个小镇的发展,水乡似乎必须依靠招人观看才有可能飞黄腾达，否则，锦溪很可能在睡梦中渐渐老去。锦溪已经在老去，伴随着陈妃水冢的优美传说。

如果爱这里，为什么不能仅仅为了这里，而让一切宁静美丽呢？

太阳正往西掉下去。我在锦溪街道上走来走去，东张西望。商店都在准备打烊，从门口看进去，每家商店都差不多，卖的基本上是同样的东西。店堂很深，靠里的角落黑糊糊的，不由让我想起幼时街角的一爿小店，光线严重不足的柜台后面弥漫着奶油桃板的香味，给人无穷的欲望和遐想。小河跟着人走，到哪里都可以看到。我登上石桥，看一群小孩在湖里戏水。他们别着塑料救生圈，赖在水里相互指着鼻尖，大笑大笑，不肯上岸，好像清凉的湖水是他们真正的家园。除了他们之外，不知还有多少人在以这种最质朴最真诚的方式爱着自己的家乡。

这些年来，"水乡"这个词中有些东西在改变。有只金红色的小哈巴狗走到我脚边，茫然若失地注视我，我摸摸它的头。它没有动。我又摸摸它的头。

太阳一直掉下去。锦溪睡着，安详一如相似的每一天。假如我生在锦溪，假如我爱我的家园，我想我会像这些水里的孩子一样，非常满足。

黄昏临近的时候，我坐着船离开了锦溪。小镇安安静静地睡着，谁来了，谁去了，她都不知晓。真希望来到这里的每个人，都能悄悄来，悄悄去，不要唤醒睡得那么美的地方。

远远看见镇上有户临河人家，在河边开辟了一个花圃，阴郁的绿意在里面挤挤挨挨，一种被压抑得很低沉但是很绵长的生命力徐徐氤氲开来，好像人在睡梦中的呓语。

  我知道，有些观念根深蒂固，但在见到一个如此悠长恬美的睡梦之后，我还是要说：你爱脚下的土地，难道就一定要让别人知道她吗？毕竟，除了生长在这里的你，还有谁，还有谁能像你这样深深地爱着她呢？

在甪直

我计划在甪直过夜。

离开锦溪时，天色已经开始转晚。从锦溪到甪直的路比较远，估计到达时天要黑了。薛伯伯过去没有开船去过甪直，徐伯伯给我们画了详细的路线图。一旦天黑下来，在没有夜航设备的情况下航行就有些危险。我暗暗祈祷一切顺利，期望在天完全变黑之前，船可以到达目的地。

薛伯伯说，行船只要不停口地问路，就不怕不认得怎么走。因而一路上，他经常向泊船岸边的船家询问。其时天色正在渐渐地暗下来，许多船民都在吃晚饭。船舱里光线不好，从外面望进去，完全是黑漆漆的一团，所以他们常常是坐在船舱顶上，把菜就地一放，端着碗吃。他们把船收拾得非常干净，人人都光着脚到处走来走去。有一两艘木船的舱顶包着擦得光可鉴人的白铁皮，看得出来船主把这里当作了主要的活动地域，毕竟这里比船舱里要明亮得多，也吹得到风。因为他们一直待在露天，每个人都晒成黧黑，男子的肌肉大多显得修长而结实。我很喜欢看这些男男女女坐在舱顶上，围成一个不规则的圈，没有人讲究坐的姿势。他们多数看起来有些沉默，喜欢注视自己和别人的脚，偶尔说句什么，总是皱起眉头很苦闷的模样，说得非常短促，惜字如金，不巧一阵风吹过来，就把他们的话吹没了。

似乎船民都喜欢养花。坐在船头看出去，几乎经过的每艘船都会在舱顶的某个部位放着几盆花。他们全把花草种在破旧的脸盆里——我猜想，行船过程中总会有颠簸，用重心低的脸盆一定比用普通的花盆要保险得多。刚开始，我想当然地认为他们种的一定是葱蒜，看得多了，才发现原来是货真价实的花草，比如太阳花、雏菊，甚至有杜鹃，还有更多我不认识的赏叶植物。它们大多呈灰蒙蒙的暗绿色，叶子乱蓬蓬好像数年不修剪的头发，不分东南西北地乱长，真是一些放纵无度的植物，看起来有点像自知被社会放弃的绝望少年，又丑陋又可爱。同样生长在香喷喷的泥土中，为什么它们和陆地上的植物就如此不同？我突然记起有个老师曾三番两次地说：你们去看吧，所有船民都想下船，你们去看好了。那个老师说得兴致勃勃。我想，他真是一个聪明可爱的老师，我就很崇拜他。

我坐在船沿，脱了鞋袜，把脚伸到水里。水里似乎有许多冰凉的小手，前前后后，挠得我有些发痒。地球上有无数像这河水一样的东西，每时每刻都在运动，然而大多数人都没有觉察。其实，只要很简单地把脚丫伸到水里，就会发现，每个微小的波浪都带着生命，像精灵。

严悦坐在我身后，摊手摊脚，说："你知道吗？只要有个邪恶的小人在你背上一推，你就掉下去了。哈哈，我就是这个邪恶小人。"她说起话来轻声慢语，还笑得很精怪，确实有点像邪恶小人。我说："哎，这倒是的。"她就哈哈，哈哈，哈哈。我想，要是我会游泳，自己就跳下去了，可见不会游泳是一个很大的问题。船在河道里弯来弯去，河的两边用竹竿拦着，所有水草都聚集在网的周围,看上去好像河里的田埂,绿得千娇百媚,肥肥地泛出油光——这些竹竿和渔网的后面,一定有许多最鲜活的鱼,有逍遥的野黄鳝,河底有沉默的蚌,还有无数螺蛳背着双手在散步——饭后百步走,活到九十九,哈哈。

身后的地平线上造满了小房子,慢慢沦陷在金光里面。天是一种有毒的艳蓝,靠西的一角上爬满了云母片一般半透明的云,夕阳的颜色太复杂,明亮而沉重,慢慢把周围的云片研磨成粉状,泛出珠光,好像迟暮美人的眼睑。

黄昏正在来到。

太阳终于沉醉下去,天还嫌余味不足似的挣扎着苍白了片刻。我发现自己过去一直把这片刻给忽略掉了。这一片刻既不亮也不暗,颜色单调,好像蛋糕中间不小心夹进去的一张白色纸片,油汪汪但是没有丝毫味道,也没什么重量。远处的房子显得很低矮,泥土里有种淡白的地气蒸腾上来,越过人间,融化在天空里——万灵即将歇息,水乡的泥土深处,有什么正在叹息吧?在这种天光笼罩下,世界褪了颜色,像一部黑白的无声电影,再可笑再可笑,也还是那么伤心,那么伤心,那么伤心。

严悦不响。我也不响。

我们的船这时到了一片野外的开阔处,水面很大,远远被水草包围着。天已经开始越来越暗。靠近岸边的水面上,有人用竹子和稻草造了一座水上小屋,用毛竹把屋子从水面上腾空支撑起来,还带着一个粗陋的小门廊,看上去有点像傣族民居。它被岸边的芦苇和水草包围着,以绿色田野作为背景,在银灰的天幕下,依稀在匀静地呼吸吐纳。有个三十岁上下的女人,似乎刚刚洗过澡，衣冠不整地从屋里走到门廊上。看见我们的船朝她开过去，她立刻慌里慌张地冲进屋，很快披上件衬衣又转出来。我们问她到甪直还有多少路，她伸手指着前面，大声说："快了，快了。马上就到！"我们谢过她，继续往前，不久就已离她很远。回头看看，只见她手里拿了一把颜色鲜艳的蓝色塑料梳子，侧头非常狠毒地把长发一梳到底，渐渐梳通之后，动作稍显柔和；突然，她用力甩了甩头，把长发从一边甩到另一边——可以想象晶莹水珠随之飞散。她身段修长苗条，头发很长很黑，面目如夜色般朦胧温柔——站在自家门廊上，看到如此广袤和单纯的野外，大概谁都会以为，全世界现在只有自己一个人。

　　船又往前开了大约二十分钟，岸边的景致渐渐不那么像野外了。我们估计即将进入甪直镇。薛伯伯驾船继续往里开，河道渐渐变窄，两岸房子鳞次栉比，然而夜色中却给人一种凄凉阴森的印象。这些房子都很老旧，有些甚至到了破败的程度，窗户开得极高，目力所及仅仅是斑驳的墙壁，黑暗中看不分明，不时突然闪出一扇紧闭的小门，褐色木质看来十分酥软，好像长年潮湿，没有干的时候。照理说，这些房子并不高大，但却总给人森森然压下来的感觉。我记起幼时，家在老街上，附近也有一栋类似的房子，从没见人进出过，门上一直上着大铁锁；有一天下午，我发现门竟然开着，就走进去——里面是个院子，院子后头有老屋，我不敢往里走，只站在门口看：院里花草种得非常好，凤仙花像附了什么妖气，一丛丛怒放得很张扬，而院子正中则立着一块墓碑，上面用红字写好了名字。所以我一直害怕猜测这种老式院墙后面会有什么。更何况天已经黑了。

不知是由于光线还是倒影的缘故，暗夜中河水显得有点黑糊糊。船越往里开，河道越是逼仄，最后开到了尽头——河中间用竹片切了开来，过不去。这时的河道已经极其狭窄，并且河两旁停满了小船，隐约可以感到那些船上的人用狼一样的眼光望着我们。

就着微弱的光线，我看出两岸似乎很脏，到处是公共厕所和垃圾箱，靠河有次序地停了许多平板车，从外观和上面装的东西看，应该是收垃圾用的。再看看河道里破陋的船只，我恍然大悟：这里一定是当地收垃圾的人聚居的地方。收完垃圾住到船上，倒是一个很好的主意，既省去了房租，又有安身之所，也有地方用来堆放物品。更何况大家都是从事同一行业的人，聚居一处，互相不嫌弃。显然我们在这里是外来人员。我看这里那么脏乱拥挤，蚊子随时忙忙在手臂上撞得晕头转向，不由认为假如夜宿于此，不仅扼杀情调，更重要的是身心安全受到威胁。严悦看来对此也有点惴惴的。我们取得了统一意见，跟薛伯伯商量，还是退出去，泊到甪直镇外吧。

薛伯伯一口答应。只是河道异常狭窄，加上两边泊满了船，已经无法顺利地让船掉头了。他拿一根长篙，试图把船撑出去。船很困难才掉过了头，静静向外驶去。泊在这里的船都很凌乱，不像在外面河道上看到的那么井井有条。并且船上没有供电设备，不能开灯，船上的人大概趁天黑之前把什么事都安顿好了，现在大都歪靠在船舱里，有些在睡觉。他们静静目送我们离开，黑暗中一动不动。船在行进过程中，蚊子扑头盖脸地撞过来。

出了拥挤的河道，薛伯伯发动船往镇外开去。开出一百多米的光景，船钻过一座石拱桥。岸边是农田，不远处有江南农村典型的新式二层民居。我们决定就泊在这里。

在开往甪直的路上，我们已经用船上的液化气做好晚饭，现在既然解决了泊船的问题，我们就围坐在一起，草草吃饭。吃完饭，天早就黑了个透，看样子在黑洞里没办法洗碗，我们干脆把碗放在多余的脸盆里，打算明天一早再洗。

我和严悦坐在船头啃西瓜，希望有风吹过来。薛伯伯刚才跟我们聊过一会儿，现在已起身到船后头去了。晚上他睡船舱里小的那一间，我们则睡大的一间，把椅子拼成床铺。

月亮没有，星星有一点。天空很澄明，圆溜溜地罩在高高的头顶上。有种小女孩喜欢的玩具，就是一个玻璃球，里面往往坐着两个小人，把球颠倒一下，就有许多雪花纷纷扬扬地落下来，形成一个完美的童话式恋爱场景。现在坐在这个一无遮拦的夜空下面，感觉就像是玻璃球里的小人——虽然身边是个女孩子，仍然非常满足。所谓"天圆地方"，非到这种情境下不能体会到。我想：啊，世界上怎么会有那么多的空气啊，充满天地之间的那么多空气……真是不可思议。想着，我就很喜欢。

天空底下没有灯光，看来反而非常明亮，是一种透明但不稀薄的宝石蓝。那么大、那么高的天空，是多大的一块宝石，实在难以想象——所以说世界上最珍贵的宝贝，就是我们头顶上澄明的天空。我想躺到舱顶上，彻夜地观看这个广袤的穹顶。所谓自然，就是不可思议的意思，我想。

我深深吸口气，体内有个膈被猛烈地冲开了，心胸一下子变得异常开阔，好像我自己从自己身上飞出来，飞到最最高远的地方——那种最最最高远，又难以说清楚的地方，有大风的地方，无声大笑的地方。

严悦在耳边絮絮地说着，说着，弄弄么自己笑了起来。她说话总是这样轻，好像要把力气留着。四面八方，各种各样的小虫像严悦一样地说着，说着，一会儿兴高采烈，一会儿又是无边无际的伤心。我侧耳听了听——主要是油葫芦。所谓油葫芦，是一种长得像蟋蟀，但比蟋蟀大一点的昆虫。小时候每年和爸爸一起去捉蟋蟀，我总是把油葫芦误认作蟋蟀，而油葫芦是不会打架的。蟋蟀叫起来嘹亮锐利，像出鞘的宝剑；油葫芦的叫声则清脆一点，有点像大人在给小孩把尿，很温和。我坐在黑暗里，听了很久。比较远的地方，传来一片蛙声，像给虫儿和声。稻田黑糊糊的，中间的水渠反而白亮亮，不仔细看，很容易以为那是小路。水边的草丛中有光亮的萤火虫躲闪着飞舞，一会儿，无依无靠地飞走了。

不远处的人家在看电视，二楼窗口闪着幽微的亮光。他们要是知道我正观察着他们，一定会很生气。不久，他们的房间黑了下来。黑暗远远延伸开去，一层一层，越来越深重。从这边地平线到那边地平线——三百六十度的地平线，统统沉入深睡眠。水面无波，鱼和黄鳝都已睡下。萤火虫带着好梦和噩梦流离失所。严悦还在说。虫子们也在说。天上星星闪闪的，说着，说着，一会儿兴高采烈，一会儿又是无边无际的伤心。我谛听各种诉说，几乎睡去。

在船上的第一天就要过去了。

醒来的时候满身疲惫，好像战斗归来。晚上船舱里吹不进风,蚊子却悠然自得。不得已开了船上一个陈旧的小电风扇,没想到这样小的一个电风扇,马达的声音却这样大,贯穿了整晚的睡眠,每次迷糊中醒来,都立刻能想到:我是在船上。虽然涂了好几遍驱蚊水,还是与蚊子共枕而眠了一夜。

我翻个身,原打算再睡,转念一想,这种睡法好像没有什么意义,还是到上面去吹点风,总比闷在船舱里要好些。打定主意,我手脚并用地下了床。严悦在里口,依旧呼呼大睡——她是那种爱吃肉爱睡觉却偏偏胖不出来的体质,真有福气。

原来天还没有亮,东方隐约有一抹红光浮动。起这么早的,大概也只有我和周扒皮。我走上船头,做一次深呼吸,重新打量昨晚没能看清的四周景致。稻田、水渠、沉睡中的民房、河水、石拱桥……全体清凉宁静。我的目光逗留在不远处的石拱桥上。桥很高,桥洞与在水面上的倒影一起形成一个亮晶晶的圆——记得昨天晚上,我在船头上看过去,这个圆也在暗暗放光。桥倒像是古桥,石缝里长出不少青草。我走下船,沿田埂向桥走过去。

其时天色已开始放亮。我来到桥的左近,才发现这座桥基本上已经废弃了。过去这里一定有通南北的路,所以造了桥。只是不知何时起路没有了,我刚才也是沿田埂走过来的。桥周围不怎么干净,旁边还有一个很大的垃圾堆。石阶被半人高的野草占领,这里那里躺着饮料罐,想来是上桥玩的当地小孩留下的纪念品——这显然不是什么旅游景点,不会有游客前来,否则,倒可以收许多卫生罚款。站在船头看的时候,这桥在绿意点缀下显得青葱可爱,真的跑到桥上,却有一种荒圮之感。

我在桥上站了一会儿,看看不远处仍在沉睡中的小船。离出太阳还早,但是天地间笼罩着太阳的淡影子,有种出太阳的气氛——像一个人在大教堂里弹奏管风琴,四周空气随之变得稀薄崇高。

刚想回船上去,我突然发现桥下的一边烟雾腾腾。我不由往那边走下几级台阶,这才看见,岸边距离桥三四米远的地方有一间用红砖草草砌就的小房子。房子基本上可以说只是个毛坯,丝毫没有粉刷过,甚至连门也没有,看来不像能用来住人。然而房子里面却似乎有人影晃动。不一会儿,有个身着白衣的老妪从里面走出来,后面还跟着一个中年妇人。定睛一看,她俩都是披麻戴孝的装束。

我当然有点害怕,但还是好奇地往下走了走,看她们要做什么。只见她们神情专注,忙忙碌碌的,出来不一会儿就又跑了进去,进去不一会儿却又跑了出来,就这样出出进进,焚起香,点起烛,还烧了纸钱一类的物事。两个人不知是没有看见我,还是不来理会我,反正全神贯注,按照某种条理做了一大套事情,最后走到门外,趴在地上,对着门大磕起头来。

曾经听父母说过,乡下从前在路边有许多小房子,专门供人停放灵柩,所以那时走夜路是相当恐怖的事情,没点胆子不敢的。难道我现在看到的,就是这种小房子吗?我不由毛骨悚然。可是,只听说这种房子用来停灵柩,怎么还可以让亲人来烧香磕头?房子如此简陋,说它是庙宇,却也绝对不像。思来想去,绞尽脑汁,还是觉得这应当是停灵的处所。我不禁往后退了几步。曦微晨光中,红砖小房子在苍白天幕的映衬下显得很突兀。我回头看一眼静静泊在河对岸的小船,想到昨夜自己就睡在离小屋五十米也不到的地方，一刹那间脚步有点乱。

我回到船头坐下来，依旧控制不住要往河对面的小房子看。烟雾仿佛和着尸气从那里冉冉升起。又过一会儿，那两个妇人竟一前一后地上了桥，朝我们泊船的这边岸上走来。我猜测，可能她们住在这一边罢。谁知她们下了桥，竟直接走进又一座红砖小房子去！我目瞪口呆——直到此刻，我才发现，原来桥的这一边，同样的位置，也盖着一座红砖房，不同之处在于，这座房子周围还用红砖砌了一圈矮到没有什么实际功能的围墙。只见她们同样循规蹈矩地忙碌了一番。与此同时，居然又有两个披麻戴孝的妇人向那里走去。我只觉头皮发麻——这究竟算是一种什么仪式呢？

严悦在船舱里，依旧呼呼大睡。

正在我注视那几个人的一举一动，兀自毛骨悚然的时候，薛伯伯走上了船头，精神奕奕的样子。我赶忙把红砖房子指给他看。谁知，他只看了一眼，就"哈哈"笑着，十分肯定地说："这是土地庙啊。"

土地庙？对我而言，这个只在《西游记》里听说过的词真是匪夷所思。然而薛伯伯看来却习以为常。他粗略地对我解释说，这几年乡下逐渐出现了许多像这样的土地庙，庙里仅仅供着一尊小小的观音像，甚至还有不少比这更简陋的。并且他还说，像我看到的"这一类"事情，总是由女人做的。说完，他就跑到船尾做事去了。我茫然注视不远处的小房子，一直目送那几个妇人离开。薛伯伯说得很不完全，许多问题我还弄不明白。比如，造这些庙到底是什么意思？难道就近的用直镇上没有庙宇吗？"这一类事"是哪一类事呢？为什么"这一类事"必须由女人来做？在桥的两头分别造庙有什么特殊的意思？这座桥的荒废与庙有没有关系？还有，也是我最关心的：土地庙里会不会停灵柩？

我没有就这些问题继续追问薛伯伯。可能他知道得不多。更有可能，他虽然知道，却不愿意告诉我。大人都不怎么愿意随便谈论这些事，尤其是把这些事告诉一个小姑娘——我从小有这样的感觉。大人们不知为什么，老是吞吞吐吐，似乎这种事永远只能猜，不能问。

人已经走了，庙里的香还没有烧尽，烟雾自言自语地蠕动着。天也大亮了。严悦走上船头，打招呼说："傻人，起那么早干什么？"我说："傻人，看你自己的样子。"说着松了一口气。

我们本想就地打水洗漱，谁知船泊了一夜，渗出的柴油都流到水里，分明不能用。于是薛伯伯开船往里行了一程，进入镇内。我们刚想吊水，却发现河水比起外面的确实要脏一些——原来昨晚看到河水黑，并不是光线的原因。询问当地人，才知道，江南水乡自古有罱泥的习惯，每年春天，罱泥船从河底罱起河泥，不仅可以澄清水质，更重要的是，河泥用来肥田，是非常好的肥料——随着化肥的使用和镇附近田地的减少，罱泥就少了，河底河泥积的时间一长，自然发黑，于是水就不那么澄清。无奈，我们只好拿着牙刷、端着面盆跳上岸，找到岸上一户开杂货店的人家，简单说明我们的来意，付了五块钱，使用他们的自来水。

洗漱完之后，我和严悦拎出一桶自来水，蹲在河边，又是洗碗，又是洗衣服，大忙。第一次在河边洗碗洗衣，一切从简，马马虎虎，飞快地洗完了。接下来要找地方晾衣服。船上似乎不行。我们在周围反复查看，最后在河边几根电线杆、弃置不用的竹竿上拉起绳子，把湿答答的衣服一件件甩到上面。看着自己的衣服衬着陌生房屋的背景，水滴滴答答掉到陌生小镇的土地上，有种奇异的游离感。

一切完毕，时间还早得很。（我们醒得实在是太早了！）眼看太阳还根本没来得及上班，我和严悦赶忙整装出发。计划中，我们有一个上午的时间可以用来在用直四处游荡。

我俩走到镇上，过桥穿巷，东张西望，却难看到打开的店门。一大早忙了半天，此刻已经是饥肠辘辘，本想找家饭店，高高兴兴地大吃一顿，不曾想落得这样一个下场。石子铺就的老街上，处处大门紧闭，好像永远不会开门的样子。不时有手提鸟笼的老爷爷擦身而过——也有些老爷爷仅仅提一个布口袋，袋底沉沉地装着什么。至于其他人，就很少了。我和严悦四处搜寻，找不到能填肚皮的地方，严悦不由大发感慨：昨天在锦溪，亲眼看见店家刚过四点就关门，今天在用直，怎么也找不到一个开门的饭店——小镇习惯，大约是下班早，上班晚——多么好的规矩啊！

其实这样说并不确切，我们这会儿来找饭店，实在早了一些，不过小镇的安宁却是真的。我们看到叶圣陶先生《多收了三五斗》中写到过的万盛米行——黑瓦白墙，修葺得很好，像一条新船在河边静静泊着。米行门外修着长廊，加出一面侧墙，上边画个大黑圆圈，圈里一个大黑"米"字，触目惊心，然而不知哪里还是透着固执的安宁气，像上好红木，明净阴凉，似乎马上可以生出苔藓来。

估计这里是用直保存的老城区，专门供游客参观，看上去相当干净齐整。路边种着矮冬青，房子也修整过，街道似乎拓宽了。我们在一个拐角处发现一家小杂货店，门口挂着一串草编的鞋子。这种鞋子做得又扁又宽，一个鞋肚里简直伸得进两只脚。店主告诉我们，这是莆鞋，专门给农民雨天穿的，这样不容易在田埂上滑倒。不过这些莆鞋做得非常精致，尤其是给孩子穿的小莆鞋，鞋面上编进了各色绒线和丝带，一看就知道是卖给游客的纪念品。看，连纪念品也有了——这里和锦溪不同，和昨夜泊船的野外也不同。

我买了一双小莆鞋，同严悦一起继续寻找饭店。好容易让我们找到一家店开着门，还似乎是百年老店的样子。我们进去要了两碗面，心满意足地坐在靠大门的桌前吃。我们旁边的一张方桌边，挤挤挨挨地坐满了老爷爷，有的有鸟笼，有的没鸟笼，有的有胡子，有的没胡子，也在吃面，看样子大概刚刚锻炼过身体。过去我从没见过这么多清一色的老爷爷坐在一张桌子上吃饭，不由觉得有点好玩，多看了几眼。他们每个人都穿得很朴素，不知为何表情严肃。我原以为，既然在一块儿锻炼身体，又在一块儿吃早饭，交情应该很不错才对，那么总该有话说吧？谁知他们只是闷头吃饭，间或说话，也是相邻的两个人鬼鬼祟祟地说几句，桌上没一点热烈气氛，人人都是充满智慧的深沉模样。我打量他们，他们中有几个人也打量我——说不上友好还是敌意，没表情。有个老爷爷首先吃完，坐在椅子上津津有味地用手背擦嘴巴，擦了一遍又一遍，人家不理睬他，继续吃。男人的友情——

尤其老男人的友情,真是搞不清楚。

　　一顿饭吃过,街上的门也一扇接一扇地打开了。有一户人家专门卖当地特产的一种蹄髈,正开始现煮,放肆的肉香加上各种作料,弥漫了整条街,更在一点点变浓,香气不堪重负地向下沉淀,一层一层,越往下越浓,连铺路石都给煮酥了。在上海,商业街边摆个机器现炒肉松就弄得不少路人心旌神摇——这些人太残酷,当街大煮蹄髈,用如此霸道的香味来折磨别人,谁受得了?老板不知足,还对我们滔滔不绝,漫议这蹄髈比起周庄的万三蹄来好在哪里。

　　一只只红熟的大蹄髈挂在门楣上,娇美无比。浓艳的香气比整条街的还要沉。

　　街上人渐渐多了起来。有不少老妇人背着串串莆鞋,穿街走巷。街面的店也往往开到门外街上,东西铺天盖地,做好了赚人钱财的准备。这里很显然比锦溪富庶,比锦溪繁荣,这里看来清洁而明亮,河道里一条条装修考究的小木船,可以载游客做一番水上漫游。旅游业能为一个小镇带来多少财富,能为一个小镇上的居民带来多少希望啊。

　　用直著名的保圣寺藏在一条小巷深处,循着墙上随处可见的指示,并不难找到。寺里有唐代杨惠之的塑壁罗汉,与寺相邻,则有陆龟蒙祠和叶圣陶纪念馆。在保圣寺入口处,我们发现原来参观必须买联票。什么意思呢?就是说,你要么参观所有的景点,要么就只好一个景点也别参观。联票之外,是不准备散票的。对此我们有点不解,然而想到既然来了,总是要参观的,也就买了。

天色有点拖泥带水，难说是阴是晴。我和严悦把基本连在一起的保圣寺、陆龟蒙祠和叶圣陶纪念馆转了一遍。转到后来，微微有点兴味索然。这里绿意盎然，不乏小巧精致之处，陆龟蒙的斗鸭池，假如真有鸭子的话，一定有趣得很，叶圣陶先生当年和其他教师一起的办公室至今也很有书卷气。但是，我们在这里无法找到归属感。说到底，这些园林从前是别人的家，是别人每天饮食起居的地方——我们在黄山体验同样的迎接日出的兴奋，我们在游乐场获得同样的精神错乱的冲动，我们在别人家里寻找什么？在花间小径兜来兜去，转过一个小弯，又转过一个，走过几座小得可爱的石桥，穿过一条长得令人厌倦的走廊，顺便浏览墙上的碑文，踱进一个小亭子，里边的桌椅被拦了起来，经过一棵沉默的桂树，在树底下矮了矮脖子，折过一扇门洞，严悦向后跳，指着前方大叫，蜘蛛！——都是陌生的，难以期待接下去会碰上什么。我们碰上了黑底黄花的蜘蛛，很运气吧？随意踏入陆龟蒙的后院，示我们蜘蛛作为惩罚，算不错了。严悦想通这一点，吐气顺畅下来。我们继续横冲直撞。这些住过人的地方，有一种特别的固执，是认生的。

我想起，开学以后，我又将每天在校园里走来走去。大家都说华师大校舍陈旧，我也十分同意。然而，当我走出宿舍，看见早晨的阳光从梧桐树密密的叶片间漏下来的时候，当我发现紫薇树下葱兰开了遍地的时候，当我走过充溢图书馆的旧书味的馆边小路，看到雨后的杉木树干呈湿润酥软的紫褐色的时候，当我目睹短发女孩笔直站在男友的自行车后座上，肩背成一条优美弧线，猎猎风中呼啸而过的时候，我总会想，住在这里实在好。陆龟蒙当年隐居甪直（那时还叫甫里），他要"觉后不知明月上，满身花影倩人扶"，日子过得真不能说不悠闲。叶圣陶先生来甪直教书，我们现在从纪念馆的照片资料中就能知道他当时有许多同事朋友，加上与妻儿同住在这安宁的水乡小镇，自然好得很。许多优美，是当你住下之后才能发现的，许多情趣，是只有在家园中才能体会的——特别是，像甪直这样的江南小镇，水很长，空气很安静，看不出伤痛的痕迹，天生是一个家园。

我在甪直遇到的最有趣的人，是一个54岁的伯伯，名叫唐清晨。遇到他的时候，他正坐在沈宅进门的一个边厅里。沈宅是当地过去一沈姓大户人家的宅邸，现在开辟为观光景点，并且作为江南服饰展览馆开放。唐伯伯所坐的边厅，里面放着不少靠背椅，尽头安置说书人的座位，墙上贴了"苏州评弹"四个字，用途一目了然。不过当时厅中鸦雀无声，只在门边靠窗的一张书桌边坐着个伯伯，抬起精神奕奕的双眼反复打量着我们，看来是这里的管理人员——这就是唐伯伯。我们问他什么时候这里有人说书，他答说，在请到苏州的评弹演员的情况下，一般周末两天会表演，只不过因为这里主要供游客参观，不同于正式的书场，唱全了也不可能有游客留下来听"下回分解"，所以演员通常只唱一个开篇。说完，他主动问我们要不要拍张照片，并搬出了琵琶和三弦，让我们抱着坐在说书人的位置上，装模作样地照了相。

从外表上看，这位唐伯伯就是个相当健谈的人，果然，他话匣子一打开就关不住了。他热情地带我们去参观宅内的江南服饰展览，为我们逐一讲解。在一个不大的房间内，两边立着玻璃柜，里面陈设的模特儿身上穿着整套江南妇女服装。自然，采购来的模特儿都是高挑身材，虽说刻意安排了乌发黑眸，但面孔的线条轮廓分明属于欧美人——这样的女子身着印花布小褂子，头顶包头布，谁都想象得出是怎样一个尴尬的情况。不过，虽说如此，所展出的从儿童一直到老妪的江南服饰还是令人悠然神往。据唐伯伯的解说，这种服装不仅仅是为美观，更为劳动的便利设计，既耐磨又能遮阳。

参观过服饰展，唐伯伯神秘地对我说："现在我带你们去看一样东西。"说着在前引路，带我们穿过展厅，来到后面一个天井里。

天井以花岗石铺就，四角种了些花草，看来也没什么特别。唐伯伯带我们停在右侧一口小井边。我看他蹲下，就也不明就里地随之蹲下。只见他开始摩挲井缘，面有得色，好像这口井是由他亲手筑就的一般。我听他说，从这井的井栏看，是制以一种相当疏软的石质，而这种石头普遍用于宋代，之后，随着劳动工具的改进，建筑材料自然随之采用越来越硬的石质——由此考证得知，这口井筑于宋代，距今有八百多年的历史，而沈宅建于一百二十年前。说到这里，唐伯伯得意洋洋地问我：为什么一百二十年前的宅子里有八百年前的井呢?

回到评弹室里，唐伯伯在书桌前坐下，取出纸笔，戴上眼镜，摆开架势，一边给我解释，一边在纸上涂涂写写。他说他在这里工作这么久，对此也是百思不得其解，后来来了一位交大研究建筑的教授，猜测说，很可能是沈宅这位户主当年盘地造屋的时候，由于讲究风水的原因，留下了原先在这里的宋井，以讨"财（泉）源滚滚"的口彩。唐伯伯口若悬河，看得出，告诉我们这个猜想，给了他多大的快活和满足。

他坐在高瘦的古窗前，满面红光地往纸上画字，说着说着就手舞足蹈——他的手势很用力气，像在推动什么重物，整个人都随之晃动。木窗上刻的花草人物自顾自地表演着他们的故事。窗外一个四方的庭院，不知何时开始飘起了太阳雨。唐伯伯讲宋代的、明代的井，讲江南传统服饰，讲现代科技发展对传统文化的冲击，讲美国的经济现状和科索沃危机，一直讲到什么事都该以人为本，包括保存一个从前的水乡。他就坐在一个叫甪直的江南小镇上，一所古宅里，外面只是一个四方的天井，极目看去，只能看到宅外狭窄的老街。而他毫无身处狭小之感。鲁迅先生在《故乡》中曾写到"只看见院子里高墙上的四角的天空"——这所谓"四角的天空"，在唐伯伯这里却似乎无边无际。

我所看到的，是一个平平凡凡的人无边无际的心灵世界。这个发现叫我像喝绍兴酒过了头那样生出甜热的兴奋。

吃过午饭，我们开船启程，离开甪直。始终没有看到锦溪的徐德仁伯伯。

目的地是这几天到处听闻的周庄。

在周庄

从用直去周庄的方向朝南,等于要往回折一些。我之前与薛伯伯商量,不从原路走,而是穿过金澄湖(地图上叫澄湖)过去。这一路上,虽然也曾路过湖泊,但往往是与湖泊擦身而过,没有真正穿越;锦溪的五保湖是个相当小的湖泊,加之湖里长着不少莲花,简直像个莲花池,波澜不惊,不给人湖的印象。这几天在淀山湖四周的古镇上周游,却总是行在河道里,有点不甘心。

一路上,除了河里已经司空见惯的养鱼隔断区域之外,渐渐地可以看见岸边靠河建造的别墅群,有的规模还相当大。现在所谓的别墅,根本看都不用看,就知道大抵总是红顶白墙的六面体房子,屋顶四面呈轻微坡度向中心聚拢,类似微型金字塔,有的会砌个假烟囱,装着清一色的铝合金窗门和茶色玻璃——一种十分"小康"的感觉。真没想到,竟会在野外河边大量目睹假北欧风格别墅群的兴起。这就像阿拉丁一夜间造起一幢宫殿,仓促间没有选好位置,怎么看怎么别扭。我猜想是因为这里靠近多个江南古镇,这种地产资源不开发岂不可惜?然而建造得如此密密麻麻,作为度假天堂也未免太拥挤了一些——与此同时,从外观上看,这天堂又似乎无人问津。我跟严悦说,假使是我,也不肯到这种地方来——外面碧水倒映着绿色田野,何必到这玩具般的房子里过玩具般的生活呢？

金澄湖的入口处同样用长竹竿和网拦着，大概也是防止鱼儿们逃逸——关卡重重，鱼儿要实现动画片里鲤鱼跳龙门的梦想，怕是首先要跳过无数闸门，难于上青天！

入口正好容一艘船通过，水面上露出细竹竿做的"闸门"顶端，大概出水十厘米左右。我不由微微担心，怕船卡在这里过不去。回头一看，薛伯伯神情自若，严悦在舱中大睡特睡。接着，船底闷闷发出"咚"的一声，似乎那"闸门"是活络的，给船一顶，就向下沉，让船通过。我还没反应过来，船就已经行驶在开阔的水面上了，远远的岸像澄湖的绿花边。

风一下子大了起来，从四面八方包围我们。浪有一点，刚好让人感到困倦。我提醒自己振作精神，万一睡着，身子一歪掉下去，就该结束旅行了——那绿花边一层一层的，看上去像穿婚纱的日子一样遥远。

我低头看湖水，近看看，远看看。湖水静静地运动，好像每个小浪头都是它的心跳，它自己感觉不出。水光沉甸甸的，像水银；水动起来和空气一样不着痕迹。在湖中航行，特别的让人沉寂，魂灵被大风吹出体外，马上变得沉重起来，掉到水里，笔直地向下掉，不巧的话，会被鱼儿衔着走一程。我虽然仅仅坐在船头，但清凉的湖水仿佛已经包围我，世界突然浸在了金澄湖里，风像人放到水里的头发一样膨胀开来，迤逦多姿，我们大家都是一些四肢冰凉的浮游生物，通体波光粼粼。

出金澄湖之后，船又进入了河道。岸边有一群群茅草屋，衬着绿色田野，看上去就像是它们自己从泥土里长出来的。水边还泊着几艘船屋——所谓船屋，是在船上造起房子，由于造了房子之后船的重心变得很高，一般就只用它来住人，不能再当船开了。一路开过去，这类房屋还不少，但门上都挂着锁，看来没人。我猜想，这些屋子是当地农民在作物成熟的时节用来住了看贼的——既然不作休闲的用途，自然就算不上"别墅"了。

随着时间的过去，周庄越来越近，而岸边的红顶别墅也跟着越来越多。真令人大惑不解：果然有那么多人需要买这种所谓别墅的东西吗？

这一路过来，满眼的色彩都纯净透明，蒙着一层柔软的水汽。天的颜色已基本淡出，偶尔却有沉重的灰云朵像铅球般打头顶呼啸而过，落在远处芦苇撑起来的天边。处处可以听狗吠鸡鸣，看日出日落，难道这里真的紧缺别墅群吗？

我们比傍晚先到周庄。船泊在镇外——周庄老镇里是无论如何不让外来船只进入的。一个地方繁华了，就要添些贵气，添了贵气就没法随和，越是不随和就越是千金难买。周庄今非昔比。

昨晚没有睡好，自己也说不清楚究竟算睡了几个小时，总之是没有睡沉，连梦也没有。今天一整个白天，困倦就始终隐隐约约地尾随于脚后跟一寸处，像一只小猫，轻的，软的，毛茸茸，脚步混乱，优柔寡断。现在到了周庄，今晚是计划不离开的，那这会儿可不可以在船上休息一会儿呢？虽然时间还早，但自觉头脑迟钝，口齿不清，好像没有兴趣上镇去游览。只是周庄近年来如日中天，加上这一路过来，到处听人对周庄耿耿于怀，我倒也急于一睹其真面目。

我们泊船的地方，在一座公路水泥桥旁边，河道的小小拐弯处。一上岸就是一条大路，既没浇水泥，也没浇柏油。往前十米左右，似乎有一个临时的汽车中转站，虽说没有站牌或者任何表明这里是车站的标志，但每隔几分钟就有大客车挟飞扬尘土颠簸而来，停片刻，上了几个乘客，掉头挟飞扬尘土颠簸而去。"车站"对面，摩托车、残疾人车、三轮车和它们的主人相亲相爱，懒懒散散地等待主顾的光临。我在船头坐了一会儿，看得发闷，还是决定到镇上去走一圈吧。问问严悦，她说："随便——好的呀。"晃着膀子。

于是我俩上岸，问明方向，沿大路向镇上走去。路很干，一层尘土浮在上面，各就各位，随时会漫天飞扬——难以相信我们现在走的地方就是周庄。路越走越窄，走到一个拐弯处，看见一家小店，竖长条的门板卸下一半，一个穿小花衬衫的女人袖手坐在柜台后的昏暗里，眨着眼睛。在她身边，一块黑板上写着：菜籽饼，价格面议。

——菜籽饼是什么东西？

转个弯，路一下子变得十分逼仄，越往前越有种"向里走"的感觉，像是一直要走到牛角尖。路边有公共厕所，还有老房子改造的小店，带着门廊，地下铺青石板，石板和石板的中间偶尔夹一块破碎的毛玻璃。店门口摆着躺椅，店主模样的男人赤着上身，摊手摊脚地平铺在上面，肚皮光光。两个穿警服的人聚在暗褐的木头廊柱边，讨论着什么，两人交替说话，很有秩序。我们走过去，大家都看着我们，光肚皮店主有点猝不及防。

又七七八八地拐了一通，我们转进一条破旧的小巷。不知为什么，小巷里弥漫着一股香烛的气味，微微有些烟雾缭绕。冷不丁严悦敲打着我的肩膀说:"看!"

我依言往巷子的右边看去。墙根有一个砖砌的突出物,黑不溜秋,乍一看,很容易以为是个垃圾箱,不过作为垃圾箱却嫌小了些,再仔细看看,它戴着中式小房顶,被烟熏得乌黑,房顶下面坐着一个泥塑的观音像,像前供了香烛。从遍地的香灰看,这里香火还相当旺盛,只是显得肮脏了些,不免有点亵渎神灵的嫌疑。

严悦说:"干嘛在这里设这种东西?"我说我不知道。我想起了在甪直看见的土地庙——当时真是令人毛发直指。薛伯伯说,这种庙是慢慢发展的,难道这个巷子角落的神龛就是发展的第一步?假如果真如此,还真该对那两幢红砖砌的小房子肃然起敬。

巷子里光线是一种灰白色,就像地面上的无数香灰正在迎风起舞。从香灰般的光线那一头迎面缓缓走来一个老婆婆,擦身而过时对我们笑笑——在她心里,有许多极端要紧的事一定为我们闻所未闻。

我们继续向前走——这时,万没想到的事发生了:仅仅走了几十步,我们来到一个拐角,拐角左手出现了第一家出售胶卷和矿泉水的商店,右手是个金碧辉煌的门洞,门楣上写着"全福讲寺"。看来这还是一所规模不小的寺庙。既然如此,为什么在相距仅几十步的破旧巷子里砌个邋遢的神龛呢?不过我们没有在这件事上多作停顿,拐个弯,我们发现自己来到了周庄古镇。

周庄的街道极其窄长。虽说锦溪甪直的街道不能说不窄不长,但与周庄比起来就显得宽敞清明许多。我也不知道这是不是因为周庄各方面都保存得比较完整,或者,是周庄生来就显得特别玲珑和悠长。站在街口往里看,只见层层叠叠,长得实在使人困倦,恐怕走着走着就要睡着了。我总算明白为什么有种说法叫作"梦里水乡"——每个人的梦境都有点像周庄的街道,长,深,重章叠句,越往里越迷蒙,前面漆黑,回头就是白天。

桥也多。有座石桥,不知为什么给它戴了个竹牌楼,上面贴着大红纸写的对联,啰里八唆挂上许多红灯笼,打扮成清宫戏里嫔妃的样子,头沉得往下坠。偏偏还有许多游客挤上挤下地照相——大概认为这建筑比较具有标志性,好留下到过周庄的死证。现在照相馆里冲印出来的照片大多是证据,而不是别的什么。另有新婚夫妇把几千块钱的合影挂在卧室墙头,作为合法相爱夫妻的证据。说到我,沿途过来也已取了不少旅行证据。

我和严悦穿街走巷,到处游荡,东张西望。白天像一种溶液,在周庄的浓度特别高。算算时间应当不早了,可是白天却有点不肯善罢甘休的意思,怎么也不走。游人如织,店也开得很高兴。虽说之前多次听闻周庄大受游客欢迎,但我想不到居然会有那么多人。这种景象恐怕只有在十月一日夜晚的外滩才能见到,大家像在进行一场周庄游览游行,声势浩大。尤其在桥上,有人留影,有人通行,交通堵塞得一塌糊涂,不知有没有人曾在混乱中摔下桥去。街面房子基本上全部用来开店,卖的无非是旅游纪念品、周庄特产小吃,还有些非驴非马的东西,再就是饭店,店主站在门口,用心分析判断每个人胃的空虚程度,快速计算后对某人招呼叫嚷一番。

这种吵闹未免催人厌倦。印象中的水乡小镇该是静谧而空灵的,河道上罩一层灰绿的水汽,给人回归精神家园的感动,因为这种静谧和空灵本来就隐藏在人的内心深处。周庄的街道那么长，桥那么多，房子的走道那么幽深，一切都那么精致，可是已在声名鹊起的同时失落了静谧和空灵——竟然会掉了那么重要的东西，简直像一个公主完全失去记忆一样。我不由想起了锦溪——虽然她不如周庄保存得那么完好，气韵也没有周庄那么精致，但是她依旧在恬美的睡梦中间，她依旧如此宁静安详，每块石板都不带文物气，一切都像家乡那样亲切，使人心地变得清凉柔软。而我所看到的周庄简直是一个装修考究的"旅游纪念品交易镇"，太可惜了。

　　白天依旧顽固地不肯离去，好像爱慕虚荣的小孩子盛装打扮到集市上，就永远赖着不愿回家。我也赖在南市街上，四处探头探脑。这一段已经出了最拥挤最热闹的区域，相对来讲僻静许多，我很希望能在这里发现些什么。从各个门洞里冒出生煤球炉的烟——还在我小的时候，在路上常常需要突然加速猛走一段，以冲破煤球炉浓烟的重重封锁，然而这种日子相隔太久，浓烟已基本从我生命中淡出，直到这一天我走在周庄南市街上，四周刹那间浓烟滚滚，流走的生命飞速闪回，蔓延熏染，铺天盖地，恍惚中我又回到从前，烟雾缭绕的生涯。

　　后来，我停在一座三进深的老宅面前。从门洞看进去，里面是一个相当宽敞的天井，接着是房子，接着又是天井，又是房子，又是天井，又是房子，看来像一个复杂的戏台。我想几十年前这里静悄悄地住着一户相当殷实的人家。此刻往里看，只见人来来往往，好几个煤球炉在天井里发光发热，房子很明显是被分割开了，仿佛一条打满补丁的裤子。庭院深深，究竟住着多少人家？

我抬了抬脚，跨过门槛走进去，撞到一个女人推着自行车往外走，我侧侧身子让她先过。本以为，作为这里的居民，她一定会盘问我是什么人到这里来做什么，谁知与我擦身而过时，她仅仅眼光平淡地看我一眼，没有发出任何声音。跟在她的身后，一股烧煤球炉的烟冲门外狂奔而出。

我站在了周庄南市街一所陌生老宅的天井里。脚下的地面由青砖铺就，像漏气皮球般从缝隙中漏出点点绿意。沿墙孤苦伶仃盘踞着一只老式马桶。靠左的墙角边，用砖头和石板垒起了一个平台，平时可以用来洗衣拣菜，此时被一只花狸猫摊手摊脚地占领了。我朝里面的一进走过去，花狸猫把下巴贴在石板上，含情脉脉地望着我，片刻，突然意识到我是个陌生人，不由从睡姿一下子变为站姿，流窜逃逸而去。

原本应当是大厅的部分现在成了阴暗的走道，墙壁被油烟熏得黑黄，两边堆满杂物，杂物上堆满陈年油灰以及蜘蛛的弃网。几辆自行车靠墙站着，是这里唯一看来还在使用中的东西。已看不出宅邸的本来面目，实在无法想象，仅仅几十年前，这里是一个宽敞雅致的大厅，四周阴凉，不时有佣人静悄悄地缘墙走过，像那只花狸猫，青绿的阳光从花鸟人物的高大木窗中照进来，照在青石板的地上，勾勒出不知名盆景有点恐怖的影子。现在这里非常热，煤球炉的烟使得四周云山雾罩，不知哪间房里的小孩在哭闹，感觉好像是在我的头里面大喊大叫。

我和严悦一直朝里走，头上顶着许多烟，好像被烧到了脑袋。下一个天井看来很局促，居民搭出了许多额外的建筑。一个老太太坐在自家砌出的狭窄水泥台上,一双赤脚摩挲着发红的小竹椅,对我们一直笑。她告诉我们,这里的哪些房子是她的,说着伸手指指二楼的一排窗,看来有三四间的样子。她说这些房子都是她自己买下来的,说时显得像百万富翁一样自豪。我问她,住这样的老房子是不是不舒服。她摇头道,没有,很好!这些房子都是我自己买下来的!老太太对房子是自己买的这件事极其看重。我问她知不知道房子的原主人是谁,她说不上来。对她来说,房子的主人就只有她一个。

我们所谓历史悠久的老房子,只是他们的家而已——非常具体的,包括在老式碗橱的第几格里放着一碗腌黄瓜。老太太不绝口地叫我们"妹妹",从头到尾一直笑——看得出来,她对能够自己买房子的此生心满意足。很好啊。

我们逗留得并不久。离开的时候,黄昏大约即将来到。老太太起身进屋——到吃晚饭的时间了。阴了一天,这时候却出太阳,麦色阳光照到天井里,照出窗玻璃上的尘垢。阳光的颜色很香甜,带点煤球炉的烟气——是一种此世的颜色。很亲切,此世的阳光,此世的黄昏……每天的这个时候,此世的氛围静悄悄安抚着此世的老宅。

从宅子里出来,本想回船上去,仅仅是出于一种百无聊赖下的惯性,我又沿南市街往前走了一点点。就这样,我见到了许南湖老先生。

一栋不怎么起眼的老房子门口,挂着"南湖画室"的招牌,旁边还有不少照片。刚开始我并没在意——周庄的画室简直是数不胜数,刚才一路走过来,小街两边到处是某某画室,似乎这里所有对绘画略知大概的人都打起了招牌卖画。我没加理会，信步往前又走了一段，突然若有所悟——刚才在画室门口看到张贴的资料，似乎写着"许南湖"的名头，而这个名字听来非常耳熟。这才记起，锦溪的徐德仁伯伯曾经提到过这位许南湖老先生，说他毕生从事山水画，画艺精，画品高，是个德高望重的老画家。想到这里，我抓住严悦的手，退了回来。

站在门口朝里张望，只见里面相当昏暗，当门是一张八仙桌，一边隐约有灶台，似乎是厨房的样子。厨房后面是个明亮的小天井，天井后面还有房间，天色朦胧中也看不清楚。两个中年妇女坐在八仙桌边，絮絮地说着什么，看到我们，其中的一个说："有事吗？买画就进来看看，不买的话就别进来了。老先生年纪大，经不起闹。"看架势，是闲人免进的意思。

我一下子不知道该回答什么。要说买画，我口袋里也没有多少钱。然而静静住在这昏暗朦胧中的老画家，我却无论如何想拜访一次——假如没有找到，那倒也算了，现在让我懵懵懂懂地撞到这里，要是不去，岂不要抱憾？我依旧站在门口不舍得挪步，那个妇人也没有再理会我，似乎是权当我已经灰溜溜地逃走了。我紧张地打量着她，像小学生在打量新来的老师——怎么办呢？僵持片刻，我决定闯进去试试看。虽然猜不透她究竟是保姆呢，还是许老先生的女儿或者媳妇，但是看上去她也不像会严词拒绝我。我跨过了门槛。

看到我走进去，那个妇人却没有多大反应，只是再次嘟囔着："不要进去了呀，老先生年纪大了。"我一鼓作气朝里走，像在马路上悄悄扔冰棍棒似的扔下几个没什么意义的词。是抱歉还是解释——连我自己也不知道自己在说些什么。

天井很小，基本是正方形，两边种了些花草。很有趣，靠左那面墙上，半人高的地方，零零散散嵌着几块碎瓷片，有青花也有彩绘，都很漂亮，不知是什么破碎器皿上取下的；还有一个陶制的小娃娃（就是外面很常见的那种浸在水里，浇热水就会撒尿的小玩具）也浅浅嵌在墙上，嬉皮笑脸的样子。正对着大门，就是老先生的居室了。

我站在门前探头探脑。房间里光线并不特别好，陈设也很朴素。左手靠墙放着两张沙发椅，中间以一个老式茶几隔开。内侧沙发椅上静静靠坐着一位清瘦的老人——我想这就是许南湖老先生了，当即叫道："许老先生！"我想老人家也许有些耳背，不一定听得清，正准备提高嗓门再叫一声，却不料老先生响亮清晰地应了声"嗳"，同时欠身向门口看过来。只见他刻满皱纹的脸上带着笑意——也很难说是笑意，更贴切一点讲，那是他容貌中不可分离的一部分，是一种快乐祥和的气质——在许多高龄老人身上都能看到类似的东西，一种对似水流年的宠辱不惊。

我依旧站在门口，傻乎乎地朝里看着老先生。老先生也看见了我，并且招招手，示意我们进去。于是我和严悦跨进里屋，站在老先生面前。这是一间深而窄的房间，一边墙壁挂满老先生的作品，另一边（就是老先生靠的那面墙）挂了许多照片，包括他年轻时穿着西服、梳着分头的黑白照，照上的他微笑的神态与现在十分相似，同样是一望而知的平易近人，只是我面前的他眼中多了一分安宁。房间另有一扇门通往里间，那里似乎晾着画，应当是老先生的画室。而靠墙的木楼梯大约是通往老先生在二楼起居的房间。

我简单地说了说自己的来意，老先生边听边点头，始终微笑着。先生生于 1906 年，20 岁就读于上海正风文学院，后转学入近代山水画大师黄宾虹先生创办的中国艺术学院，专攻国画，一年后随黄宾虹先生的辞职而辍学，欲随其深造，宾虹先生感其志诚，收其为入室弟子。此后，许老先生就一直从事国画创作，至今已是 93 岁的高龄了，而看来依旧神清气爽。他是周庄人，现在独居家乡地处冷落一隅的这幢老宅，很少出门，每日仍要作画，有时接待像我这样慕名而来的人，从不端画家的架子。门外一个四方的小天井，把老先生同喧嚣的旅游胜地隔开来，他自己坐在阴凉一角，静静地过着沉默清澈如池水的生活。

这是我生平第一次拜访陌生人，且又是这样一位老画家。我当时凭一股冲动闯进来，此时却想不出应当同老先生说些什么，谈话中时常出现空隙。然而静下来的时候，我并不感到尴尬。老先生的眼神祥和亲切，手搭在沙发扶手上，姿态放松而自然——他是这样的习惯默然，这样的随意融入默然，同时他毫不沉默。这屋里的所有东西都和先生一样，是旧的，又是安静的、慈祥的、宽容的、特别能唤起人回想的——通常是这样，一个人的旧东西包含着整个人类的回忆，眼泪和欢笑的过去，狭长幽深如同周庄街道般的梦想，某些只属于自己而又心心相印的伤感的笑容。我与老先生面对面坐着，说话或者不说话，都是同样感到亲近和松弛。老先生手边放一个白瓷杯子，上边印了骏马图案——相当普通的一个杯子，是先生用熟的东西……就是这样，这座房子里有种被用熟了的气氛，而从许老先生的身上我可以看到许许多多老人的影子——那些我所熟悉或不熟悉的,那些常常使我在路边驻足的老人的面容,又遥远又亲切,令我会心微笑。

老先生毕竟年纪大了,我不敢过多打搅他,坐了一刻钟左右,便欲告辞。他起身送我出门到天井里,并与我合影。我原想搀扶他回房间,谁知他根本用不着,转身、行走,手脚极其爽利敏捷,真不像是年过九十的老人。人生的作风如此自然洒脱、干净利落,一如他的绘画书法,不由我钦慕不已。

老先生回房之后,我同严悦又在小天井站了片刻。黄昏有如深秋的落叶,一片片很慢很慢地落到天井里,催人沉寂。墙角砖缝间的青苔此时舒展开湿滑的身体呼吸吐纳,很滋润地绿了起来——除此以外,无声无息。这个天井让人感觉非常亲近,站在这里能够唤起许许多多的回忆——这就是我所以为的江南,就是我所以为精神家园的真正江南。江南不仅仅是苏州园林。江南不仅仅是小桥流水人家。江南就是这个黄昏中的小天井,江南就是如此熟悉。

黄昏像深秋的落叶般悄悄落到我的头上身上心里。当我迈步准备走出这里的一刹那,突然欢喜的泪水要掉下来好像深秋的落叶落入泥土。回家的感觉。

江南就是如此令人感动。

从原路回到泊船的地方去,要走过一座桥。过桥时,发现桥的对面一家小工厂招牌上写着吴江市什么什么——周庄是属于昆山的。原来我们去的是昆山,船却泊在吴江。

回到船上吃过晚饭,严悦说累死了,坐在船头穷摇扇子。我跳上岸去,四处张望。对面有个斜坡,下去就离开了大路,是河岸。紧靠大路有幢平房，门外搭出一个棚，上面爬着藤蔓。一家三口正坐在棚下吃晚饭。旁边不远处拴着一只山羊，三只出生不久的小羊依偎于它的膝下，看来和商榻那几只小羊差不多大。比这户人家更远些，紧靠河岸另有一幢比较小的房子，不知住的是谁。夕阳在河里燃烧，天正暗下来，大路上来来往往的人还是不少，许多人相互认识，打着招呼。

对过路边有个老伯伯坐在低矮的竹靠背椅上，扇蒲扇，一直对我望。忽然他大声说："你们是唱戏的吗？"我说："不是，是来周庄玩的。"说着乘机走过去。老伯伯近六十岁的样子，头发花白，面色相当红润，最引人注目的是他一对水汪汪的大眼睛，眼黑眼白分得很清楚，明亮而透着一种特殊的警醒，不像一个有这些年纪的人的眼睛。他抬起头，注意地瞪牢我，问："不是唱戏的，乘唱戏的船干什么？"老伯伯说话总是用极其直接的语气，似乎年轻气盛，与此同时又带着老年人所特有的肃穆神情，因而说不清哪里透着滑稽。我如此这般把自己的打算讲了讲。我讲的过程中，他始终抬着头，警醒地瞪牢我，好像这样可以把我说的话看进眼里去一样。不知为什么，他给人的感觉不像一个长者，假如说用什么词称呼他最恰当，那我看是非"小老儿"莫属了——不过，我当然不敢真的这样说出来。

听完我的话，他立刻问："那么周庄好不好啦？"我说："好是好，就是人太多，太吵。"他瞪着我，大声说："周庄么，"——他欠欠身子，放出两只手，准备要大发宏论——"周庄么，其实也就是这么一回事呀。你们来玩玩的人，以为周庄是什么啦？说说么这里有九百多年历史，这里怎样怎样，实际上都是言过其实。旅游么,就是吹牛吹出来的。吹牛呀。周庄么就是那里的一点点小镇子,一点点房子,"——他伸手指着镇上的方向——"什么稀奇啦。"

我也瞪着他,十分料想不到他居然说出这些话来。他依旧大眼瞪我的小眼,越说越精彩纷呈。

"……沈厅,沈厅看到没?说是沈万三老早的房子。沈万三什么时候到这里来定居过?沈万三是哪里人,你晓得哦?沈厅又不是他造的,他什么时候住过?那个万三蹄哦,是沈万三发明的烧法啊?"

他挥挥手,像是要把大话从眼前赶走——"全是吹牛,全是吹牛。"

"……那个全福讲寺,"——他指着全福讲寺的方向——"有没有看到,刚才?那是什么全福讲寺啦?真的全福讲寺嗻,我跟你讲,那是很灵光的,里面一个如来大佛,手掌心躺一个人是很宽敞的,"——他比画着,眼睛张得更大——"那种大佛,这里江南就没有第二座了。不过真的全福讲寺老早没有了。现在的这个,这两年刚刚造好——什么稀奇?"

"……你不要以为我瞎讲。我不瞎讲的。旅游么,吹牛说大话。"老伯伯瞪大眼睛,在落日下指天画地地一一数说,说得得意洋洋,仿佛在揭开重大的谜底。"同里嗻,人家是真的古镇,很好的。金泽也很好的。周庄?"

我起劲地点头。且不论他说的是真是假,他分明深信自己所说全都有根有据。一个年近六十的老伯伯,对事情的看法居然还能如此偏激,批评议论还能如此执着一词,面色还能如此红润眼神还能如此明亮,实在是难得。

路边一会儿一个人骑车过去,一会儿又一个人骑车过去。老伯伯不时打招呼:阿什么,看戏去啊?阿什么,你也看戏?我说:看戏?看什么戏?唱戏的船明明在此。老伯伯指着天,说:"今天立秋,晓得不晓得?立秋。大节气。前面村上请人唱戏。年年要请,一个个村子轮下来。大家就去看。"我大感兴趣,问:"唱什么戏?""什么戏都唱。绍兴戏。锡剧。评弹。什么戏都唱唱。沪剧。就是随便唱唱,图个闹猛。黄梅戏。"我跃跃欲试起来:"那么我能不能去看?"老伯伯瞪瞪我,说:"去看呀。笔直朝前走。半个小时。闹猛。"

我回头朝船走,想叫严悦。然而看看手表,已经七点多了,天色越来越暗,路边又没有一盏路灯。来去一个钟头,天黑蛮吓人的。严悦坐在船头,又吃力又伤感的样子。薛伯伯在附近遇到熟人,被邀去喝酒吃饭,我们走了船就没人看。想想还是算了,又折回老伯伯身边,说不去了。老伯伯瞪瞪我,说:"不去啦?唱戏,别的没什么。就是闹猛。"

我到船上搬条长凳,坐在老伯伯身旁,听他大说特说。原来他就住在我刚才看见的那幢岸边小房子里,一个人,以制橹为业。他说:"你写作的啊?你们写作的人,要多听听故事。我肚皮里故事多得很,讲给你听,包你能写书。《聊斋》知道吗?《聊斋》里故事不得了。喏,现在我就讲一个给你听。好得很!"我不知道人们是不是急切需要一部《聊斋》现代版,总之已经有许多人愿意把《聊斋》故事送给我作写作素材。老伯伯已经开始讲一个关于狐仙的故事。夜色一直像狐狸尾巴一样有韵律地摆动着，立秋的月亮毛茸茸的光照在河面上，河底冒出一个妖妖的笑，跟着水波荡漾出去。老伯伯讲了个开头，看到一个熟人，大声跟他打招呼，转头就忘记了讲故事的事。

这天晚上，我一直惦记两件事。一是前面村上的戏演得怎么样了。这不由令我想起鲁迅先生的《社戏》——假如我也能坐着小船去看一场社戏，就好了，偷人家的豆倒不一定，只要偷点河边的芦苇，拿回去破热水瓶里插插，就不错。另一件就是老伯伯没有讲完的《聊斋》故事。一提起写作，他就想到了《聊斋》。他住在河边，夜里黑蒙蒙的，风吹草动簌簌响，难道他不怕没讲完的后半段故事来找他？狐仙。水鬼。昼伏夜出的无数魂魄。夜幕降临，它们深深地叹息，曼声演唱自己的命，苦命。绍兴戏。锡剧。评弹。沪剧。黄梅戏。河水流动，眼波荡漾。月光像银狐毛茸茸的尾巴轻扫过人间，无数阴湿的温柔乡。冰凉的悲戚像露水降落在大地上。

第二天我又早起。走过大路，下了坡。三口之家也起来了。爸爸把母羊牵到草多的地方，小女儿搂着小羊羔，一只只送过去。老伯伯家门口横着一根橹，房里传出半导体唱戏的声音。他正对门，面向河流端坐，红润着脸抽烟。我招呼他一声，他点头应答，指给我看，河那边，比较开阔的地方，几个人在网鱼。

我又想起了老伯伯昨晚近乎诋毁周庄的话。小女孩在不远处笑，老伯伯在听戏抽烟，河里的人穿着高筒套鞋，绑着橡胶绑腿。他们都是周庄的老百姓，在周庄过一份饱暖思淫欲的日子。我们眼里的文物、宝贝、江南第一水乡，是他们的家。他们要买肉、捉鱼、种田、放羊、制橹，大概还要买买一种叫作菜籽饼的东西。老房子没有煤卫设备，下雨天会回潮，青石板地滑腻腻，水珠从墙壁上流下来；镇上街道太窄，没法开摩托车，自行车也很难骑——就是这样，过日子，许多最实际的问题。百姓眼中的周庄，只是一个过日子的地方。这里住过谁，真的那么重要吗？这里依旧是许多人的家——这才是最重要的。在老百姓心里，最真实的总是现在，也只有现在。

周庄就是许多人的家。水乡的意思，我想也是一样。

我和严悦早早来到周庄镇上。早晨下了一点雨，加上今天又是周一，我以为游客会少一些。包里带着一本自己的书，准备再到南湖画室去一次，送书给许老先生。

走过僻静的河边，有个妈妈在给小孩把尿。河道在这里窄得简直离奇，看上去完全可以一跃而过。我站定在岸边，想象傍晚，两岸的人家都把饭端到外面来吃，在那边看得清这边男人的腿毛，每天吃的都是十几人的聚餐。或者，两岸的水桥上都有人在洗衣服——倒马桶也可以——于是就这样扯几句家常。习惯了，会觉得这样很自然。

南湖画室依旧宁静如昨。门口站岗的妇人没了。我走进去，叫一声"许老先生"，老先生答应着从里屋走出来。我把书送给他，他当即坐在沙发椅上翻看起来，不用戴眼镜，神情专注，就这样朗朗地读了序言的第一段，随即抬头微笑，问："对吗？"

老先生起身指给我看墨迹初干的两幅竹，让我挑一幅，赠送给我。没想到他对待一个素昧平生的小小辈也如此认真和亲切，我不由十分感动，却不知如何表达。

走出画室时，又遇到昨天那个妇人。不知她有没有认出我来,只听她重复着昨天的话,又对老先生说:"您年纪大了,要多休息!"先生连声答应,似乎是虚心接受教诲,快乐而宁静的样子。我明白,这妇人是对的,我小心翼翼地不敢打扰老先生,其实是早已打扰他了,然而他却毫不放在心上,举手投足间,总是饱含着祥和的笑意。我想我这一声"谢谢",是说不出口的。

在南湖画室仅仅待了约莫十分钟时间,谁知出来之后走到热闹处,店家已完全开门营业,大量游客也不知从哪里冒了出来。又是人头攒动。我不禁皱皱眉头。

跑到沈厅,要买门票。一看,依旧只有35元的联票。没办法,只有买。

到沈厅看了介绍,才知道原来这的确不是沈万三的宅邸,而是沈万三后裔沈本仁于清乾隆七年建成。沈万三虽说在周庄住过,但所住绝不可能是后裔的宅子。这次出游,至今为止,沈厅确实是我所看到的规模最大,也是最独特的宅邸。顶有趣的是,偌大的前后楼屋之间均由过街楼和过道阁连接,形成一个环通的走马楼,有时在走道中会出现一个外凸类似半个开放式小阁的转折,安着长靠椅,移步换景,意趣盎然。想当年,假如真有怀想着心上人的小姐坐在这里,看天地间淫雨霏霏,却只看见团团包围的大宅,心肠如走廊般千回百转,兜不出个光明正大来,小姐是要泪湿窗纱了。

最可怕的是,在走马楼游荡的时候,突然看见走道旁一个开着门的房间里有两个身着古装的女人,一个站着,一个坐在桌旁。当时心突然没有了,第一个反应就是想转身下楼逃跑。再一看,不觉哑然——原来是两个假人,看装束,一个是丫鬟,一个是小姐，明眸皓齿，巧笑嫣然。因为是假人，做得比一般人要高大，穿着色彩鲜艳到狰狞的衣服，站在光线阴暗的室内，看上去真是森森然，不知为什么，总让人想起陪葬的纸人。我快步走开，有点犯哆嗦。

我知道我刚才上楼的时候心就开始虚了。我这个人受不了木结构的老式大房子，特别受不了上下楼梯和走到另一个房间里——总是惴惴的，隐隐担心会撞上什么。这种房子太古老，空得太长久，脱去了人气，空落落的房间里回荡回荡全是潮叽叽寂寞的鬼气。我很过敏地回头看走得非常缓慢的严悦，叫她过来过来，抓住她的手。她说："干什么？怕啊？"我不作声。走在这里，我对自己的脚步声也会悚然。

出了沈厅，我们循着票上的景点挨个儿游玩。在路上不论询问哪个当地居民，他都会热情而清晰地给我们指明方向，可见这样的事每天都要做好多遍。票上写着沈厅、张厅、迷楼、全福讲寺、澄虚道院、叶楚伧纪念馆，另外还有双桥。然而我们发现双桥虽说写在票上，算一个收费的景点，却并没设检票点，假如你没有买票，也完全可以过去——说来也是，总不能不让人过桥吧？不过你一旦买票，就算了五块钱的过桥费，所谓此路虽不是他开，他也要收买路钱。你是游客，一点反抗力也没有。

路边叫卖处处闻。周庄卖些什么呢？我注意了一下。主要有这些东西：

地图。明信片。周庄风景摄影集。周庄风情漫议读本。严悦有收集地图的癖好，我是当作一件工作地到处买地图。我俩人手一册。不愧是周庄，地图绘制得比其他地方到家得多，大小街道统统标明，另附有周庄简介、周庄周边地区地图，颇合我意。卖给我们地图的老板不知为什么，拼命想搭卖矿泉水给我们。

蓝印花布。主要是蓝印花布制作的各种服装及配件，包括帽子、包、大小布老虎、布鱼，琳琅满目。有标准的旗袍、大襟衣服，有相当引人遐想的传统抹胸，还有经过改进的时装。另外有红印花布、绿印花布等等。又有几件蜡染衣服，就是通常别人从云南带来的那种。我买了一条印花布手绢，15块钱还到8块，付钱后觉得似乎还能还。严悦记起她的一个同学曾说：还价要把开价前移一个小数点再除以二，从得到的数值开始往上还。闻言叹息不已，引为至理名言。

珍珠制品。有珍珠项链、戒指、耳环、手链等等。还有各种珍珠工艺品，尤其珍珠大熊猫看上去尖头尖脑。最有特色的，是路边随便哪个规模极小的摊贩也在小车上放个百宝箱大小的机器，上书"现磨珍珠粉"，并附一纸详细介绍珍珠粉的各种用途。方便快捷，价格优惠。

真假古董。这就难以一一列举了。有各种质地的梳妆箱、烟斗、工艺品、首饰、印纽。有旧上海的美女月份牌，环肥燕瘦，各具风采。有老照片，包括那位苦命的晚清美女婉容的留影。等等。甚至有春宫图数幅，不便详究。

画。说过周庄画室林立，卖各种风格流派的画作。周庄风俗画、山水画外，还有不少西洋画。人体画容易看见，总是有种难以言表的气氛，难以想象谁会把这种气氛的东西挂到家里。

茶叶。水乡老太太三四名，慈眉善目，排列于桥头，臂弯里挎一提篮，内装大中小包装各色茶叶。她说："姑娘，我这茶叶喷香的。"你难以抗拒卖茶叶的老太太,比难以抗拒卖栀子花的少女更甚。

周庄传统食品。主要是万三蹄。凭手中的联票去买还能打八折。

云贵青藏地区工艺品。最奇怪的就是这一种。当时我想不通,开学之后听老师说现江南地区的人许多是古时从云南迁来的,听着课我立刻想到周庄,不知买卖云南工艺品是否祖先遗风之一。

游人如织。我和严悦也加入这场缅怀水乡大游行。严悦四处摸索——她对逛街买纪念品颇感兴趣,可惜没见到什么合意的东西。人实在多。而最可恨的是旅游团——人人戴着统一的帽子,导游意气风发地挥舞小旗领导革命般走在前头。他们还常常集体停留在桥上四处张望,一脸纯洁无瑕的茫然——他们大概根本不知道自己要看什么。旅游像一种义务,难得有钱有时间,他们想不出除了旅游还能做什么。

最可爱的是双桥对街的一个公共厕所。严悦指给我看厕所门口的大牌子:小便二角。大便二角。这个写牌子的人真是兴之所至,笔力也到了。我立刻想起"一棵是枣树,另一棵也是枣树"来。

周庄出名,周庄的百姓就发达了。可以卖联票,卖各式各样的纪念品,可以开许多旅馆和餐馆,甚至可以开发公共厕所。周庄受到周全的保护,保护小桥流水人家,保护中国第一水乡。——周庄真的受到了周全的保护吗?

很难说"旅游胜地"是不是一块光荣的勋章。它给周庄人带来了致富的期望，却带走了周庄的安详亲切——那水乡的灵魂。人们难道不是住在这块土地上、不要住在这块土地上吗？

一切都产业化了，周庄也没有别的路可走。毕竟住人的地方同时能够赚钱，这也是难得的事。人假如仅仅为土地活着，那也没有意思。人是为心安活着。现在大家认为富起来就能心安，让周庄或李庄富裕发达就是对得起自己的家乡。

话说回来，再过五百年，周庄不知会在哪里，我们所谓的江南又会在哪里？我们要保存的，到底是什么呢？

精神家园。

除此我想不出第二个答案。

我们活着，我们死去，我们成为历史，历史也死去。我们都是双手空空的孩子。孩子也要死去。所有地名、所有地方的某个阶段都将死去。居无定所，我们唯有一个精神家园。我能在江南找到我的精神家园——更贴切地说，江南能代表我理想中精神家园的多数内容。世界上一定有许多同我一样的人，我们是精神上的血亲。我想人是很渺小的，必须要靠这种软弱的方式来给自己以保障。不过发现自己的渺小其实很好，容易善意地对待更渺小的生命。生命都需要惺惺相惜。

在一座不知名的小石桥旁边，有临河居住的人家在改建房屋，搭起了脚手架，石灰扑簌簌地往下掉，掉到墙根下、河岸边。两个游客站在桥头，看样子是十分爱旅游的男人们。他们稍微伫立了一会儿，开始下桥。其中一个操着北方口音说："这就是周庄？就是这么个样子？"他不满。他被喧闹的人声弄得很不耐烦。他对名不符实的周庄生气了。我突然有些不以为然——不要忘了这里是因为你们的来到才变得心浮气躁的——当然你们也不得不到来。这里是要住人的,这里的人也像你们一样想过上更滋润的日子。你们并没有权利要求他们抵死守住什么九百年前的小镇,以此满足你们所谓的怀旧情结。旅游业要弄出点花絮来取悦你们,你们也会满足于花絮。在游客的纷扰当中,周庄依旧充满人间烟火气,这是周庄的幸运。

在周庄的最后一站是三毛茶楼。

1989 年,台湾作家三毛曾经悄悄来到周庄,对这里的景色人情风采大感心折。回台湾之后,她读到了生活在周庄的张寄寒先生写的散文《三毛在周庄》,从此与之保持着通信联系,并说要再次来周庄,要大啖大闸蟹。然而还没来得及实现诺言,三毛就离开了她所恋慕的人间。张寄寒先生遂开辟三毛茶楼作为缅怀。

我和严悦来到茶楼的时候,是正午时分。我们腹中空空,但不敢被饭店店主们拉进店堂去吃饭。有名的阿婆茶,倒是要吃一吃的。所谓吃阿婆茶,就是说在品茶的同时必须佐以腌苋菜、酱瓜、兰花豆等茶点。

茶楼十分清静。久闻大名的张寄寒先生似乎不在。守着柜台的只有两个年轻姑娘。一个姑娘问我们在哪里吃,要不要到楼上。我说,好呀,楼上最好。姑娘微微笑着,说,楼上这会儿就是有一点点人。说着露出不好意思的神情来。我不明白她为什么会不好意思,回答说,不要紧。

走上楼,触目而见靠墙两张八仙桌拼在一起,几个浓妆的妇人和几个茁壮的小孩在聊天打牌。我立刻明白了服务小姐为什么会不好意思——不过为此不好意思,这位小姐实在蛮可爱的。我们挑了临窗的位子坐下，要了茴香豆等三个茶点和花茶。听那桌客人的口音，似乎是温州一带来的，讲话做事十分懂得显摆。三毛曾在给张寄寒先生的信中写道："我们要把'周庄'当一个文化的珍宝，只有有资格的人才可以去，那些三姑六婆，省了罢。"然而三姑六婆始终省不了，还跑到以她三毛命名的茶楼里来大吃大喝。这种事是一点办法也没有的。其实，阿婆茶就是当地居民的一种社交谈天活动，我想多数百姓吃着阿婆茶所聊的，也脱不出三姑六婆的内容——所以三姑六婆永远是不容拒绝的。

我和严悦吃茶聊天，看墙上张贴的图片文章。最后写了几张明信片给朋友。下楼结账的时候，三姑六婆还没有走。我到柜台前问小姐，最近的邮箱怎么走。正好有个中年人也在柜台前，闻言立刻抢着把路线告诉了我。这个人的相貌如何，急匆匆间我没有注意，只知道他有一对清亮的眼睛，眼里似乎含着许多诚挚和温情。他说话神态也非常热忱——对陌生人有这样一种发自肺腑而不是出于礼貌的热忱，这种人现在少了。

我谢了他，就和严悦跑去寄明信片。我没有问他，可是凭直觉，我知道这就是张寄寒先生。

在同里

同里对我们来说是不寻常的一站。当小船启程离开周庄镇外那条尘土飞扬的大路时，我一如既往地坐在船头，看着熟悉的景物。也许这将是水路的最后一程了——在薛伯伯船上最后的几小时。

原来的计划应当是全程的水道漫游。到同里之后，我们将由运河进入太湖。看上去似乎没有什么不可行之处。小的时候，我曾经希望妈妈把裙子改成短裤——看上去似乎也没有什么不可行之处，后来却证明不可能。这次也是一样。水面宽阔，水道四通八达，风平浪静，船也没有问题——这样看来，我们简直可以直接开往美国。其实不行。问题总是出在我的无知上面。我不知道水面上的法律法规。一路上详加询查，终于明白，船像车子一样要牌照，船的驾驶者像汽车驾驶员一样要驾驶证，假如船要载客，就还需要其他的手续……如此这般，我说起来都嫌累。不走运的是，我们坐的船什么证件都没有。之前走的内河的管理还算宽松，过了同里，即将进入太湖，估计是逃不过水上巡警的眼睛了，薛伯伯带我们到同里，之后的路，估计他不敢走，我们也不敢走。

出了周庄，水面又开始变得宽阔，有的地方难以分别究竟是河流还是湖泊。到处都被竹竿分割成一块一块，让人联想水面下悠游着的小鱼小虾，身怀奇珍异宝的蚌，温柔的黄鳝……不明事理的水草们，一蓬一蓬，野蛮地在水面上生长，过飘忽不定的生活，过没有执照没有户口的生活——水上流动人口。在一些狭窄的河道口，不常有船通行的地方，水草就大张旗鼓地占了喉舌，千军万马。船不理睬它们，直通通地开了过去。回头看，水草散开，马上聚拢来，又是千军万马。当一切都毁灭的时候，我想有两样东西将生生不息，那就是苍蝇和水草，都是蛮不讲理的东西。

　　船出周庄不久，依旧看得见河岸上周庄的乡村。这时，我们发现了一幢架于水面上的小屋，类似于在用直郊外看见的那一幢，然而大得多，并且除去主体之外还有一座停船的小棚，中间以竹制小桥连接。屋外泊船三艘，大小不等。看来这里住着一户颇具规模的水上人家。

　　我请薛伯伯把船开过去。严悦又在船舱里呼呼大睡。

　　船靠近了水上小屋。静悄悄的，没有人出来。反而是一只大狼狗闪过墙壁，目不转睛地瞪着我。不像一般的狗，它没有叫，肌肉沉默而有力，无声地注意我们的船。此时船已到了小屋门口，只见门紧闭着。我招呼了几声，没人应答，狗也忍耐着不响。看起来主人正巧出门了。我不死心，站在船头不肯走，分出四分之一注意力防备着狗，虽然看清它被牵住了。狗无声无息，但是坚持不移开目光。好狗。

　　还是没有人。我想没有办法，只好走了。薛伯伯刚刚把船的头掉过去，就看到一艘小木船上坐着三个人，飞快地往这边划来。这三个人是一个男人、一个女人和一个男孩子，正好凑成一个三口之家。我猜想,他们就是这幢水上小屋的主人了。看到自家门前有人,他们不知来意,大概有点急。

我问:"请问你们是住在这里吗?"黧黑的男子三十几岁的样子,相貌长得很好,有男子气,这时打量着我,说:"是。怎么?"出语简短,也是很有男子气。我这个那个地说了一通。他听过,默默跳上竹制的门廊,说:"这种房子么附近还有许多。"言语间仿佛不很愿意和人搭话。老婆孩子跟着他跳下船。

上次在甪直郊外没有到那个妇女的小屋去看看,我就后悔到现在。所谓过了这个村就没了这个店。不管附近还有多少这种房子这种人家,碰到了你们这户三口之家,对我来说也是机会难得,真难得。

只见他们开了门,搬出一个很大的白铁皮盆,把船上带来的小鱼倒进去,夫妇俩拿了剪刀蹲下来,把鱼一段一段地剪碎。我问:"叔叔,你们是不是在这里养着鱼?"男人说:"是。"我又问:"这鱼是你们抓的吗?"他说:"不是。买的。"没想到养鱼的人还要买鱼。我问:"买了这些小鱼要做什么?"他说:"剪碎。撒到塘里。作鲈鱼的食。"口气松动下来,人还显得相当和气。我大着胆子要求:"叔叔,我能不能过来。"

他说:"可以的呀。"我就从船上跳到他们竹制的、似乎四通八达的阶梯上。在我的脚踏上他们的领地的同一秒,大狼狗"汪汪"大叫。真是一条好狗!

我说:"你们这条狗很灵嘛。不上来不叫,一上来就叫。"三个人都哈哈地笑了。我走过去,站到血肉模糊的盆前面,说:"我来帮你们吧。"女人发话说:"哎,不用。恶心得很。"吴方言中很普遍地把"脏"叫作"恶心",说"极其恶心"的时候,就说"恶心到底"——老奶奶说起来总是让人觉得十分慈爱。我蹲下捡起多余的一把剪刀,不容分说,也从盆里拿了小鱼残忍地分尸。我说不要紧。女人抬头,对不远处寻东寻西的儿子说:"喏,你不肯做,姐姐帮你做。"小男孩回过头——十一二岁的样子,个子挺高,也是像父亲一样的好相貌。我们四个人哈哈地笑。

这就像在玻璃缸里养金鱼,同样要给食。鲈鱼长着凶猛的细牙齿,可是不给食还是一样长得慢。盆里有活的小鱼,我比了几下,剪不下去,像上解剖课,还是扔回盆里。

狼狗叫了很久,终于收声。三只小猫咪偷偷摸摸地走出来。最大的是一只白猫,凸着肚子,有点像怀孕的样子。另外一只是黑猫,一只是黄色花狸猫,都是貌美如花的小猫。我问为什么要养这些猫。他们说,这里老鼠非常多,不养猫不行。老鼠?哪里会有老鼠。他们说是水老鼠。原来是这样,居然水老鼠也会怕猫。为什么没有水猫呢?

在询问下,我知道这家人在岸上南湖村有房子,只是为了看鱼、养鱼,在这里盖房子。男人基本是长年住在这里,只在节日里回去。女人通常也跟丈夫住在一起。小男孩开学就进初中,读书时和爷爷奶奶住在一处,放假了到水上来,和父母住。日子就这样过,他们说起来觉得非常自然。我听着也觉得非常自然。

我得到允许进了屋子。他们说房里很乱,在我看来却实在相当整洁。地板也是竹子拼成的,又光又亮,纤尘不染。房子共分两间,床铺柜子桌子电视机,一应俱全,收拾得很好。我想在水上可能确实少许多灰,是蛮干净的。板壁上贴着一张纸条,写的

明显是小孩的笔迹:

m1 = 1

明天

买绿豆汤？

千万不要

忘记：注意

不然的话我以后再也不听你的话了？

可见这个男孩子小学里语文学得不怎么样，连问号和感叹号都没有分清楚。我想象一个人用问句的语气叮咛别人，不觉喜上眉梢。我说："咦，这是为什么？"男孩的妈妈回过头，笑道："是的呀。伊叫我烧绿豆汤，我么总归忘记。"小男孩搔着头在门口晃来晃去。很腼腆和善意的农村小孩。这里有一种浓厚的家庭氛围，我想这家人生活得肯定非常幸福。

男孩的妈妈叫儿子摇船带我到附近兜一圈。男孩欢叫一声，冲出门跳上船——身手矫捷的小孩。我说："慢点，慢点。"

小男孩摇橹已经很熟练了。我把手搭上去，却被橹牵住，七倒八歪。他于是露出十分得意的神态。我问他，让他摇船是不是觉得很称心。他说："那总是的喽。"一点心事也没有，孩子总是能够把赚钱养家的营生看作一桩人生乐趣，从中体会到无穷的快乐。这男孩子让我想起几年前遇到的另外一个农村小男孩。那时我在太仓乡下亲戚家玩。他也是这么大，身量更加纤长。他满世界奔跑，狗忠心耿耿地跟在他身后，和他一样欢天喜地。钓鱼、游泳、与人追赶——除了玩他好像不把别的放在心上，仅仅穿一条短裤，晒得油黑。偶尔坐下，他伸直和晃动看上去细长得可以通往北京两腿，喋喋不休，说什么都是自己先笑，大笑。整个下午他泡在鱼塘里，沉下去，浮上来。他的肌肉纤长而有力，关节柔软，赤日炎炎下又宽又长的湿润脊背变幻莫测，闪闪发光——他推波助澜，就像一条大黑鱼，美不胜收。这男孩有种刺鼻的欢快气质，跳下水游泳时简直像个小神仙。

告别了这家人，船又启程了。走很远依然看得见他家的红瓦屋顶。他们三个重新摇出船，带了剪碎的小鱼投食去了。平静、充实、愉快地生活在这水乡泽国的一户普通人家，乏人打扰，也根本不需要人打扰。就他们三个人，三只猫，一只很好的狼狗，一个家庭。还需要什么花哨的地方传说？还需要什么额外的点缀？多少年来，这里所有的普通人家都像这样生活。

被水上巡警抓住是在距同里还有半小时不到的水面上。他们开着摩托艇一往无前，拦住了我们。怎么会出这种事情，眼看就要安然抵达，却晚节不保。

巡警一共有两名，一胖一瘦，都秉公执法，铁面无私。瘦的那名总是让我想起大学里中国现当代文学作品精读课的老师——有种虚浮在脸上的严肃，要很努力才忍住不让自己突然笑出来的样子。他们在船上兜了一圈，盘问薛伯伯，拒绝听我讲话。胖巡警一本正经地教训我说："要对自己的生命财产负责，懂不懂？"瘦巡警始终不说话，脸上有种嘲弄。旁边有一艘改装成修船铺的水泥船，船主看热闹，附和胖巡警说："是的呀，是的呀。"胖巡警对我很好，对薛伯伯就很凶了，要教训教训。薛伯伯说："是的是的。我也是不知道。我是准备送她们到同里，我就回去了。"巡警不理睬他，还是说要教训教训。我说："是的是的。我们接受教训。"胖巡警看看我说:"不是教训你。你不用管。我们有原则。他。他要教训教训。"瘦巡警手捏船舱上方装的栏杆,这时发话了:"我们不管你。我们管他。"

说来说去还是要教训教训。怎么教训呢?要罚款罚款。罚了100元钱。教训薛伯伯,罚我的款。

巡警们开着摩托艇一往无前地走了。我们全船的人致以注目礼。

同里遥遥在望。

到达同里的时候,天就快黑下来了。船停在镇外,过一座桥就进了镇,远远望去,镇上灯火通明,是个人气相当盛的地方。我和严悦理了东西,拿了包,凄凄惨惨。把最后一个西瓜开了,坐在船头和薛伯伯一起吃,薛伯伯说了许多好话,祝我们一帆风顺。我们说谢谢谢谢。算起来,距从商榻开船出发的那一天,至今为止也只有三天而已,然而感觉上却有点物是人非的意思。在船上过的三天,是我一生中最漫长的三天。

夜接近饱和,西瓜瓤在夜色中呈暗红。两天前的此时此刻,我想:今天要在船上过。一天前的此时此刻,我想:天哪,希望今天能睡好。今天的此时此刻,我想:怎么办?我从没自己找过旅馆。夜将很漫长,白天将很遥远。

当我和严悦背负手提大包小包上了桥的时候,我们不约而同地回头望去。四周黑暗,房子的影子在晃动,门龇牙咧嘴。唯有薛伯伯的船舱亮着黄澄澄的灯光,里边的东西轮廓清晰、色彩鲜明,样子非常温馨。这一路过来,所有人都认为我们是唱戏的——这艘船呢?它有没有也这样认为?它一定不认得我,然而不管再过多久，我都能认出它来。从前在岸上走，看见河里的船，我想：他们居然能够一直住在船上！今后再看见，我大概会想：难道我真的曾经住在那里？

我和严悦并肩走远。回头看时，船依旧泊在原处，夜色中卓尔不群，有恒心地发出黄澄澄渗透饭菜香味的灯光。看着看着，我几乎以为这灯光可以喝。不管回几次头，它依旧在原处。夜色浩浩荡荡地降临，带着武器，杀我一个措手不及。我走啊走，忽然怀疑自己是不是在做梦——也许下一步就会踩进温暖的水中，也许不是水，是夜色，也或许是成堆新鲜的杨梅，香得叫人泪如泉涌……我迷迷糊糊地想：妈妈为什么给我盖那么厚的被子，实在太重了，压死我了。我走啊走，走啊走，身上盖了很沉的被子，重梦连篇，随便怎样也不醒过来。

同里给我的第一印象就是热闹。实际上同里远不如周庄那么热闹，但我们首先进入的是同里的明清街，专为游客设置的地方。街道两边店家林立，且大都悬挂旗幡，刻意营造几分明清的空气，可惜很失败。

在明清街上走，很远就看见了一面幡上写着三毛什么什么。难道周庄的三毛茶楼还到同里来开分店吗？走近了，突然从哪里窜出一个矮胖的汉子来，热情地拦住我们，说："小姐吃饭吧？到我的三毛酒楼吃饭，菜很好的！很好的！"我们吓了一跳，抬头一看，这才看清此处是"三毛酒楼"——不知与三毛会有什么渊源。我说："不吃，不吃，我们先要找住处。"汉子立刻说："哦，住处我有认识的，很实惠——我带你们去吧。"我吓得连连摆手，说不用不用，我们自己去找就行了。汉子见不能勉强，就说："那好吧……你们找好住处到我这里来吃晚饭。我给你们便宜，好不好？"他说话如此热烈，我和严悦只好笑着落荒而逃。

走到了陌生的陆地上，反而觉得水上要叫人心安得多。同里和周庄不同，镇很大，旅游区只占一小块，路修得比较宽，铺长方形的花岗石，走来走去，觉得比较像现在一般意义上的城镇，人住着大概不会觉得不舒服。严悦发现了超市，欢呼雀跃。

我们先找到一家宾馆，问了价钱，嫌太贵，退了出来。服务台小姐很好，跟出来带我们去一家什么招待所，看了房间，又觉得有点脏。招待所隔壁有私人开的旅馆，叫作什么宾馆，一个服务小姐站在门口奄奄一息，我们不敢进去问。于是我们往回走，在那家超市附近的一根电线杆上发现一块招牌，古板的字写着什么晶体管厂招待所，画个箭头要人朝里走。电线杆旁边是一条窄长仅容一人通过的小巷，小巷尽头一点灯火飘摇。我和严悦都有点看中晶体管配件厂这种好像很正式的厂，商量了一下，就走进去。那一点灯火飘摇是店主值班室，母女俩样子的人坐在里面。妈妈叫女儿带我们上楼看房子，女孩子就走出来。她是细长的高个子，脸也是窄长的，皮肤白森森，戴副眼镜，刚洗过的头发湿漉漉的，很明显烫过，长长的滚动着一个个小卷卷，一发不可收拾，滚到腰际。她走在我们前面。楼梯不知为什么又高又宽。房间模仿宾馆标准房样式装修，空调嗡嗡低语着。女孩子望着我们，脸上有种习惯的惊诧表情，说一个人三十块两个人六十块。我们说好吧我们住了。她对牢楼下大喊道："姆妈，伊拉要住，阿要登记?"我趁机对严悦说:"她头发好看哦。"严悦大点其头,说:"是的是的。"

安顿好之后,在房间里啃了几块饼干。严悦说,要到楼下超市去买点东西。我就陪她下去。超市里的东西都奇迹般的便宜,不由人心花怒放。

买了东西,我们又往前走了几步,不想才几步就到了明清街口,三毛酒楼的老板正叉腰站在那里,见我们来了,激动万分地上前说:"我看到了,你们住在我弟妹开的招待所里呀。刚刚么我就想带你们去那里。"我和严悦面面相觑,想笑出来。他接上去就说:"怎么样?到我店里吃饭?给你们优惠。"我们四只手像八只手一样乱摇,说不用不用,我们吃过了。老板说"噢",略微露出些许失望的神情,但马上又振作起来,信心十足地说:"那么明天,明天来吧?"我说:"晓得,晓得。"说着同严悦要回头走。老板在身后嚷嚷:"明天来,三毛酒楼——不要忘记啊!"

我们走回招待所。天色很好。在招待所旁一家小杂货店门口,有个手脚干瘪的男人躺在竹躺椅上,扇着蒲扇,自家店里的日光灯照在他身上,他定定心心,义无反顾地一直摇蒲扇。我看着他,突然羡慕他。他知道自己明天将干些什么,他也知道自己明天将在什么地方。在家里,在自己日光灯的亮影子里,他可以一直摇蒲扇,省省电费。家在同里,每个晚上在同里,眼睛正对同里的夜色,他哪里也不用去。夜空爽朗。他一味想着心事,不用去注意夜空爽朗,因为这是他自己家里的东西。

我不一样。我总是注意到夜空爽朗。夜将很漫长。白天将很遥远。家更加遥远。

第二天早晨醒来的时候，隐约听见旅馆窗外传来一阵阵嘈杂声。看看严悦睡梦正酣。昨天晚上是几天以来第一次正正经经地洗澡、看电视和待在有空调没有蚊子的房间里，她大概认为这样的好时光不容错过，所以用力地在睡觉。我睡不着了——生物钟和她不一样。躺在床上看了一会儿天花板——墙纸因为年代久远，受潮发黄，令人想起八十年代中期的普通人家。耳边依旧不停地传来窗外的喧闹，听上去靠窗那边的楼下应当有一个集贸市场。我起身打开窗，探出头去，还没等看清什么，就有一股热浪扑面而来——原来鬼天气还是那么热。

楼下果然是个菜场。骑自行车的人坚决不下车，铃声像最长的电视连续剧从这头响到那头，站在当路讨价还价的人对骑车者侧目，他还不知好歹地吆喝着，从这头一直到那头。鱼贩子与人讨价还价，冷不丁大鱼从红塑料盆里蹦了出来，他一手抄回，却又蹦出一条，他又抄回，不知从哪里多出一只手来，接了顾客递过的钞票。一个卖瓜的站在路口大叫特叫，身后站着个瘦子负责称斤两和收钱，他的口舌功夫好得很，叫着还笑，叫叫笑笑，满额头滴下汗来，刚刚在和面前的顾客说价钱，冷不丁背后来了个人，他转过身去说几句，回过头又说几句，突兀地伸长脖子对漠然走过的人吆喝几句，指手画脚叫助手快称快收钱，猛地被身后的顾客吓了一跳，哈哈笑了几声——他好像这样卖东西很有乐趣的样子，我看得也津津有味。

后来，我和严悦出去吃早饭的时候，经过这个菜场，又看见这可爱的吆喝家。我指着他对严悦说："喏，那个人，蛮好玩的。"他看见我指着他，笑起来叫道："小姐买瓜吧！"我和严悦相视而笑,他叫:"嗳,好的,瓜包甜的!不甜么随便你们怎么样。"

我们沿着老街走,走过明清街口时,不由加快了脚步,恐怕又遇到热情的三毛酒楼店主要拉我们去吃早饭,幸亏我们起得还算早,他大概没开门。

经过著名的退思园,在一家国旗专卖店(不知道为什么在这里开这样的店)近旁,有个人搭着黄鱼车卖糕点。我们跟在一位老太太后面,买了当早点吃。糕点看上去非常好吃的样子,吃上去却也不过尔尔。我们一边吃,一边往老街的更深处走。

同里没有周庄那么浓厚的旅游味道。除了退思园、明清街那一带之外,出没的游客似乎并不多。街道比较宽,连水桥也宽阔干净。除了老式房子之外,在河边还常常会出现一些七十年代造的简易公房——我自从出生就有多数的时间是住在这样的老式公房里,所以对它们非常熟悉和亲切。我发现同里最最好的一点就是沿河种满了大树,使得河水也带上浓郁的绿意。黑瓦白墙映衬着巨大的树木,且中间隔着大约三米宽的石板路。放眼望去,十分的明净和疏朗。

因为街道不窄,行人又不多,所以多数人家门口都是长凳长板凳宽,准备着等一会儿大人拣菜、小孩做暑期作业,更有几个老者已经忙不迭地在当街摆上了棋盘,象棋子儿红熟发亮,在手里沉沉的,像他们的年纪。夏天,人们都习惯于把家长里短摊到外面来,一切是光明酷热的。知了不要命地大叫,好像每天都是世界末日——而老街上的人们则穿着单背心和短裤,四肢舒展,从容应对。

我们发呆地走过一条条街道,虽然买了同里地图,但完全不分东南西北,净在乱走。绕着同里老镇的边缘,我们仅花约莫半小时就走了一圈,甚至走到荒僻无人的所在。经过一家工厂门口的时候,严悦突然拉着我说:"这不是我们住的招待所那个厂吗?"咦?我一看:吴江晶体管厂——果然是。不由对这家工厂十分有好感。再往前走,走进一条小巷。小巷看来也并不古老,大概是当地居民按需要自己砌的,巷子七弯八绕,非常复杂,角落里往往堆着杂物——然而自有它的一种味道在。它因为人的某种需要而存在,人在里面留下了许多痕迹,不经意间,虽然僻静却也充满人情。我们凭感觉一直往前走,不知道最后会走到什么地方。常常会发生这样的事情:你好不容易走到了头,却发现尽头是一个院子,住着几户人家,此外通不到哪里去。我们惴惴地走,当豁然开朗的时候,看到的又是老街和老房子,高大的水杉衬托着几幢老式公房灰褐色的墙垣,空气在这种色调中看上去很潮湿。仅仅半个小时,就熟悉了这里的氛围,好像在这里住过很久。江南是一个适合居住的地方,同里尤甚,一切都很熟悉:当你走出每条小巷,遇到的总是老街;当你走到每条老街,遇到的总是绿树;当你每次跨过河流,走的好像永远是同一座小桥;当你从城东走到城西,你好像一直走在自家的后花园。江南是所有人的后花园。

走了一圈,回到最繁华的明清街,街上的店家才开门不久——其实在同里的一天还刚刚开始。我提议,先到附近的退思园去走一圈,再出来到明清街看看。我们跑到退思园门口一看,不由大跌眼镜:又是35元的联票!甪直要联票,周庄要联票,同里又要联票。难道一路过来，就要和联票纠缠不休吗？我气结。在周庄，因为联票，当地居民宁愿在弄堂里设神龛，也不愿去一箭之遥的全福讲寺——这些人赚起钱来真是什么也不考虑。我和严悦在售票处站了很久，看许多游客买票进去了。我念着售票窗口贴着的游览内容，有退思园、嘉荫堂、崇本堂、耕乐堂、务本堂什么的，还有某某故居。这些地方刚刚我们都经过了，全是一进叠着一进的旧屋，很久没有人居住，楼上楼下空荡荡的，每天等人买联票去参观。参观弃宅这种方式，实在太笨了，然而他们印了票子卖给你，你就总想去看看，否则很不安心，于是你就买了票，从一个景点窜至另一个景点，完成之后打道回府。

我左顾右盼，又看到许多人买票进去。退思园的围墙很高，除非有过人轻功，否则只有买票。但是，我就是不想毫无选择地买联票。我抬头望着高高的墙垣——什么也没有，连一根爬山虎的藤蔓也没有……突然之间，我开窍了：我可以不看退思园，不看什么崇本堂务本堂。我对这些东西很感兴趣吗？没有。只不过因为我来到这里，所以觉得看这些是种义务。难道同里除了这些就没有其他好看的东西了？不是。刚才我们亲眼看见的，我很喜欢同里的街道。所以，为了不让我自己后悔，是的，我不买联票。

我对严悦说："我们要不要不买票？我们要不要随便走走？"她迟疑了一下，说："随便——好的呀。"我知道她这个人最喜欢的莫过于漫无目的地闲逛，否则我和她也不会这样要好。于是我们两个人离开了售票处，因为当地旅游机构终于还是无法骗走我们的70元钱而恶意地高兴了好久。我现在写着这些文字的时候，同你一样觉得自己非常傻,但心底里还是忍不住幸灾乐祸——是不是同你一样呢?

我们跑到明清街走了一圈,又是看古董、字画一类东西。其实同里的普通街道远比这修葺一新的明清街要漂亮得多。有趣的是,又看到三毛酒楼的店主站在街口,到处招徕客人。看见我们,他好像一时没有认出来,拉着我说:"小姐吃饭吧?到我的三毛酒楼来吃饭!"我笑起来,抬手给他看手表,说:"现在才几点?没到吃饭的时间呢。"

"……那么,等会儿到了吃饭的时间,到我的三毛酒楼来吃饭吧!"严悦在一旁笑得要傻掉了。店主突然说:"咦……"歪头打量着我们,"我见过你们的吧?"我们只是抿嘴笑。他认真想了想,一拍脑门,指牢我说:"哦,是了!昨天你们来过的吧?"我说:"是的呀。"他笑了:"怎么样,我说吧?来过的呀。"

他依旧锲而不舍地请我们一定去吃饭,好像到他那里吃饭不要钱一样。他说:"我这个三毛酒楼哦——你周庄去过没?知不知道三毛茶楼?"我说:"知道的呀。怎么?"他很高兴的样子,得意洋洋说:"哎,这个三毛茶楼的老板是我的亲戚呀!"说的时候,手指在空中划出许多线条。我大吃一惊,问:"是张寄寒?"他瞪大双眼,很佩服地说:"咦,你知道的啊?你很熟悉嘛。"我嘿嘿笑了,带点挖苦地说:"怎么什么人都是你的亲戚啦?"他听出我的口气,呆了呆,立刻辩驳道:"没有!真的是我的亲戚!"随后给我解释是什么关系的亲戚。我和严悦笑了又笑,他则始终神情严肃,说完之后,又在我们身后嚷嚷:"等一会儿到我店里吃饭吧!我给你们优惠!"

走出明清街,我买了一本游览手册,看看同里有什么好玩的地方。上面写的多是联票上陈列的,还多出许多名人故居。只有一个叫"小菱湾"的地方,手册上说它"每当东方破晓之际,河埠舟楫争泊,商贩交易",又说那里有一所南园茶楼,由于有许多渔民顾客,故又被称作"渔人码头"。我很想去那里看一看,就在地图上寻找茶楼的位置——看上去离明清街并不远。虽说如此,走起来却迷失了方向。水乡街道曲曲折折,像人的肠子,而我和严悦这种寻找方向的白痴,一点办法也没有。兜了一圈,又回到了原处。

附近有一所邮局,我说那么我们先去寄明信片再说吧。严悦欢呼雀跃。跑到邮局里,坐在桌前写了明信片给上海的朋友,顺便写上一个笑话给她。(这一带的邮局都会放几套桌椅供人当场写信,真是周到!此时才明白这样做非常必要。并且我想,在上海这种流动人口很多的城市,一定更加需要。)邮局里有人在拖地板,拖过来又拖过去,隔不久就要求我们把脚抬起来,到后来我干脆一直抬着脚了。一个人对我说:"小姑娘,可以把脚放下来了呀。"我抬头一看,正是刚才拖地板的中年男子。我说:"好了啊?"他很和气地答道:"好了呀。"

他问我同里好不好。我说很好。他说退思园有没有去过。我说没有。他露出惊讶的神情说,退思园一定要去,退思园一定要去去。我想,退思园一定要去去,联票就一定要买买,我不干。自己也诧异自己的小气。我向他打听小菱湾的走法,他也很高兴告诉我,边说边指方向——往哪里走,到哪里打弯,打了弯又打个弯……说了一遍,他胳膊转了总有一千度,令人感动,虽然没怎么听懂，我也不好意思再让他说一遍了。地图上画得如此简单，为什么说起来走起来如此困难呢？

他随后又问我知不知道陈家牌楼。陈家牌楼是什么？我茫然问道。他得意地告诉我，著名的弹词《珍珠塔》，就是说的同里陈王道嫁女的故事，而陈家旧宅现在还在吴江电机厂内。我跳起来，问真的真的？他说，当然喽！我说，好，我去看看。他爽朗地笑着，说，去看看。又跑去拖地板了。

出了邮局，我和严悦先去寻找小菱湾。七拐八弯，七问八问，我们来到了一条叫作鱼行街的小街。我猜想，这里是当地人买卖的集市，街道两边开满商店，卖的多是日用品，从衣服到热水瓶，从农具农药到锅碗瓢盆，各种小百货，无所不包。这条街道比起明清街来，从名字到内容都可爱得多了。不知为什么，这里卖得最多的却是寿衣——在门口挂一块牌子，上面很喜气地写着：寿衣。短短一条一百米不满的小街，寿衣店少说有十家。世界那么需要寿衣吗？

从地图上看，我们应当离南园茶楼不远了。可是环顾四周，哪里有像茶楼的地方呢？我询问一个开店的妇人，她指着我背后说："这不是？"我大惊，回头一看，在鱼行街的尽头，有幢二楼木结构房子，关着门，外面搭着脚手架，一边挂块"寿衣"的牌子，只有一楼辟一间窄小的房间，里面摆三四张破旧得快要倒下的桌子，两个蓬头垢面的人坐在里面，脚跷得很高。难道这就是书里写的南园茶楼吗？我大失所望。那妇人大概看出了我的心事，补上一句："在修。"

难得，看到修葺中的南园茶楼。虽然期望中渔民聚集的景象不曾目睹,(也不知道现在到底还有没有)但总算让我来了一回。南园茶楼和鱼行街,很自由地在这里,修修补补也不碍事。这次出来,在同里第一回看见当地人购物的地方。对了——小菱湾是泊船的地方,南园茶楼是渔民的休息场所,所以鱼行街自然而然成为来到同里镇上采购的人必经的地方,那么过去这里一定是最繁华的市口吧?我绕到修葺中的茶楼后边,那里堆着建筑垃圾。河湾冷冷清清,船们匆匆开走,不愿逗留。有很长很长的一段时间,每天这里泊满了船只,一双双光脚板在甲板上走过。船民们带着自家的物品前来,期望卖个好价钱,然后买需要的东西回去。鱼行街的石子路湿漉漉的,市声敲到地上,把每块铺路石都磨光了。南园茶楼灶头的热气跑到门外,拦住行人的去路,于是人们打个弯进门,马上大嚷起来——哪里都有熟人啊,哪里都有。

曾经人来人往的地方,到今天虽然有些冷落了,但熙熙攘攘的人气还是从铺路石的缝隙里冒出来。南园茶楼要修好点,也许可以迎来许多新的顾客,他们来喝茶,来游览,出手总是很大方的。如果真是这样,恐怕鱼行街不久后也会慢慢地变了吧?毕竟人们已经不像从前那样生活了。

我在这里来来回回地走着。鱼行街,寿衣一条街——我想。其实寿衣这种东西最有活气。中国人办丧事的时候总是活蹦乱跳,大家聚在一起悲哀着,连悲哀也是那么喜气洋洋。纪念亲人的死去,纪念我们的活着。鱼行街就是这样一条充满活力的街道:生死轮回,买卖总是活人的,所以只要有人死去,鱼行街就老是活着。街上有人在买东西,挑三拣四,争论不休。店主大概也想卖明清街那种物品,赚明清街那种钱——比较刺激。人们已经不像从前那样生活了,但还是活得兴兴头头。下次假如再来,我大概就可以到茶楼喝喝茶了,那我就可以假装很沧桑地说:变了,变了,上次来,他们还在修。

离开小菱湾,我们又乱走八走,来到一条又深又窄的小巷。巷口一块牌子写着:穿心弄。很残忍的名字。这是一条由两边高房子构成的夹弄,只容一人进出,假如两个彪形大汉面对面走过这里,那么除了打起来就没有别的办法。我和严悦一前一后地穿过小巷。这巷子也转了许多弯,有一处,高墙后面传来敲敲打打的声音,估计是这里的人家在翻新房子,而这以外就只剩下寂静。时间差不多已接近正午,阳光慢慢移进巷子,估计不久会飞快地跑掉——这种绕来绕去的地方,太细长太忧郁,留不住阳光的。我们慢慢穿过去,脚步声被高墙壁挤压得很愁苦。我终于切身体会,为什么戴望舒的《雨巷》里,那个丁香一般的姑娘要很忧愁:人在这样的地方就是会很忧愁,要是一下雨,那就完了,那你就是全世界最不幸的人,你就会觉得这不幸极其细长和美丽,这里的每座石阶、每块青苔都与你同病相怜。我们慢慢穿过一条线的弄堂,穿过一条线的愁苦。在我们头顶上,是一条线的被软禁的天空。正午一条线的阳光挤进来,照到高高的窗玻璃上——刀光剑影。我们走过去,临危不惧,我们的愁苦走投无路。一条线,一个箭头,我们穿心而过,拉拉扯扯携自己细若游丝的呼吸。

同里的周游打破了我和严悦对地图的一贯概念。同里地图比上海交通图小不了多少,可是乍一看吓一跳的距离走不了十分钟就到。这么小的地方，还需要地图吗？事实证明我们有了地图也晕头转向。每到一个地方，我们都必须回到明清街，然后以明清街作为出发点去寻找。这使得我们走了许多冤枉路。当又一次走过明清街旁边的小店时，严悦说："你看店门口的那些人。他们一早就坐在那里了。他们看见我们一次又一次地从这里走过，肯定怪死了。"

我们要去找陈氏旧宅，我在同里找的最后一个地方。

中午到了，我们寻东问西，接近我们的目标。路越走越荒僻，到最后除了路没有别的东西。我们走得口干舌燥，生怕又走错了。当吴江电机厂出现在视野中的时候，我想：好了，终于找到了，希望进得去。

出人意料，吴江电机厂的门房间里没有一个人。铁栅栏门虚掩着。我贼忒兮兮地探头看门房，又看厂里。门后面是一条很宽的水泥路，左边有布告栏，右边有一幢挺新的办公楼，往里，好像还有比较旧的房子，有点像工人宿舍和仓库。没有人。真没有人吗？我悄悄推开边门——仅推开一条缝，然后人从这条缝里躲进去。严悦也跟在我后边进来了，我回头叫她把门掩上，有点消灭罪证的意思。

我们鬼头鬼脑地朝厂里走去。走过办公楼，很奇怪没有被人叫住。走过宿舍楼，还是没有人叫。继续朝里走吗？我和严悦对望了一眼。正午的太阳兴冲冲地照在陈旧得尽失本色的宿舍楼上——看来这家厂有相当的历史了。对我们来说，应当更加希望没有人阻拦，但是真的没人阻拦了，却有种奇怪的感觉。幸亏白天才过了一半，太阳还很好，一切看来总算比较可靠。

继续朝里走。从门外看起来，似乎从宿舍楼再往前不远就到了尽头，其实走过去才发现，原来那是一个转弯处，朝左手转个弯，马上就遇到一个丁字路口。对牢路口的大墙壁上，不知多少年前刷的标语已经斑驳，红漆黄漆，向前进向前进，盛大的孤独凄凉。我们略一迟疑，转到丁字路的纵向路上。眼前一虚，幕恍惚落了，世界猛然暗下来。

刚才明明阳光普照，走到这里，却像到了另一个世界。窄窄的道路两边，种满了各种各样的花树，大都上了相当的年纪，一层绿叠着另一层绿，没完没了。虽说一般公园种的花草树木都比这里要多，但我从来没有到过植物气那么重的地方。在这里，植物不仅仅是一种长绿色叶片的东西，更是一个巨大的鬼魂——明明种在路边，却好像蔓延到路上、遮盖了天空，深绿暗绿墨绿乌黑的绿，一层深过一层，这个地方完全被植物压制了。太阳照不进来，不是白天也不是黑夜，不清不白。

我现在慢慢地相信，这个厂里没有人。一个人也没有。这简直就是一座弃厂。走在植物统治的地方，我胆战心惊。严悦好像没有什么。她戴着耳机，一定在听张信哲的歌。你要是能相信像张信哲这样的男人，世界就很光明，就没有什么鬼魂了——张信哲很温暖，忠心耿耿，会过日子。

我不行。越朝里走越害怕。从门外绝对看不出来，这个厂居然这样大这样幽深。没有人就算了，居然没有人气。最可怕的还不是这个。最可怕的是，当我们一步步朝深处走去，而树荫也越来越狰狞的时候，从更深的地方传来一种声音——是一种小金属相互撞击的声音，声音身后紧跟着许多回音。我开始认为在那里有一个巨大的车间，而里面有个谁在干活。这不由令我想起日耳曼人的童话：炭黑的巨人在岩洞深处烧火打铁，火星四溅，巨人非常沉默。

我们继续朝里走，终于看到了料想中的大车间。叮当叮当，声音从里面传出来。我站在高大的门口往里看——有个人在整理着一种零件，看样子还像人。偌大的车间，空空荡荡，只有他一个人在做事。这个厂实在太怪了。我站了许久，扭头问严悦："我们去问问他？"严悦说："去啊。"我迟疑着，想想还是走了进去。我的脚步声在车间里回荡。

我跟他打招呼，问他陈家牌楼的事。他没有看我，没有理睬我，默默地，自顾自干活。我不知所措，站了很久。最后他闷声闷气地说："这种事我不知道的。牌楼么好像有一个。"说完，仍是干活。我完全气馁了，走回门口，跟严悦说我们回去吧。

于是往回走。走时依旧探头探脑。走不多久，我注意到路边的一幢房子。是幢老宅，被树层层包围着，只露出顶楼。没什么突出之处，不过看上去真的相当老了。最可笑的是，宅外有座围墙，墙上开个圆洞的门，而门边用红漆写个"女"字——里面难道是厕所？我大着胆子朝里张望：好像是有个厕所，但房子锁牢了。她们竟敢到这种地方来上厕所，勇气可嘉。我在周围绕了一圈，打这房子的主意。房子与周围的树木融为一体，森森鬼气涂在墙壁上，一抹绿一抹灰。这里不对。难怪这厂不大对。

所谓陈家牌楼，同里人指的就是明万历年间南京监察御史陈王道的故居孚寄堂。据说旧楼占地甚广，宅第规模为同里之冠。在陈御史家族的妆奁簿上，首页记载陈王道嫁女时，确有珍珠塔一座作为陪嫁。清代艺人马如飞的弹词中,将陈王道改名为陈琏,讲的就是这个传说。而难道,我眼前这所与厕所为伴的老宅,就是曾显赫一时的陈家牌楼吗?门前的四石柱三开门木结构牌坊在哪里?坊前的青石狮子在哪里?六对旗杆石在哪里?我徘徊良久,找到了作为陈家牌楼的唯一明证:在离地两米多高的墙上,有个木牌藏在树枝后面,墨字写着:文物控制单位　陈氏旧宅　时代:清康熙年间　同里镇人民政府九四年六月立。看来这是陈王道子孙重葺的。

我们死了心,急于离开这个奇怪的地方。好不容易走到大门口的办公楼,不经意间朝里一看,忽见一汉子坐在其中一扇窗前,正对着我们。看到我们,他大叫起来:"干什么的?喂!"我赶忙跑进去,一看这是工会办公室,猜想他能帮点忙,就对他交代此行意图。他听了说:"哦,我可以带你去看的。不过钥匙不在我这里,不能给你开门。"我说谢谢谢谢,跟着他又故地重游。听他说,现在是中午休息时间,所以没人,有钥匙的那个人也回去了。——原来不是弃厂,不过人一走就像弃厂,总是不对。他说,这里到十月份要开发了。

从地下抬头看老宅黑色的屋顶,就像一棵大黑树的树巅。

吃午饭的地方是一个门上写着"国营"的饭店。我们点过菜之后,一个男人匆匆忙忙地跑出去,给我们点菜的女人说:"他去买菜。"过了一会儿,那个男人拎着菜回来,厨师开始烧菜。菜端上来很久,饭也没有来。严悦说:"烧饭怎么那么慢?"我说:"他们大概要先去种起来,给我们吃新大米。"

我们乘长途汽车离开同里。刚刚上车,天就下起了瓢泼大雨。司机驾车到旅游区绕了一圈，接到许多狂奔逃窜的游客。买票的时候，售票员一定要比上车时讲定的多收我一元钱。我说你为什么多收一元钱，他说大家都是这个价钱呀。我说刚才你明明不是这个价钱。他说我到旅游点兜一圈接你们，所以要多收钱。我说那么我是之前上来的，又不是旅游点上来的，又不是我要你到旅游点去兜。车上的乘客发话道，哎呀，都出这点钱，多一块钱要什么紧？你别争算了。我看看他，很气。我说，不行，这不对。严悦也一起争。售票员只好把钱还回来。然而车上并没有其他人要还钱。我环顾四周，很气地想，你们这样不对。

　　争来争去，我很累，就睡着了。

　　离开同里之前，坐在车上经过明清街街口时，我又看到了三毛酒楼的店主。他依旧在那里努力地招徕生意。到最后也没有去他那里优惠吃饭，似乎有点对不起他这样敬业的邀请。我想象着，一天又一天，他始终站在街口，试图找到顾客去他的店里吃饭。于是我笑了起来。我喜欢同里，其中有这位店主的因素。为了赚钱，他充满热情和不懈的勇气。

东山和西山

  太湖上有一座叫作移山的小岛，是东山的一部分，在一般地图上都无法找到。当年我外公离开这里到上海去学生意时，还是一个小伙子。太湖强盗猖狂，百姓无不闻风丧胆，外公一家在被湖盗洗劫多次后，不得不仓皇逃到了上海。那时，我妈妈还没有出世。

  转眼到了今天。土匪打劫百姓奔逃的事情，听上去遥远得像根本没有发生过。我恍惚在很小的时候到东山来过一次，记得去移山岛还得坐不那么安全的小木船，在太湖上晃荡半天。因为交通实在不便，所以之后就似乎再也没有来过。几年前外公落葬到岛上，也是为了交通的原因，我们孙儿辈的小孩子都没跟来。从外公出发到上海算起，我离开故乡已超过了大半个世纪，也许是因为许多往事对我来说都模糊了，今天回来，竟像是刚刚出门就又转身一般——大半个世纪，到底能够发生些什么？

  我不知道，因为我无从知道大半个世纪前的这里。人的生命长度根本算不上什么，比起银色的太湖来不值一提。而一个地方，比如东山，比如太湖，比如太湖上小得令地图出版社忽略的移山岛——难道真会很在乎朝生夕死的人们对它做了些什么吗？它几万年前沉在水底下，几万年后浮到水面上，再过几万年也许远远漂离了现在的地域……大半个世纪？什么也没有发生，什么也没有变。我是刚刚出门,就回来了——我打开房门,一切照旧。我再熟悉不过的家。

我们乘长途汽车向东山靠近。东山是东洞庭山的一个大镇;与东洞庭山相对,还有一座西洞庭山。我不明白,它们明明在太湖里,跟洞庭湖有什么搭界吗?不过我没有多想。东山——我从小听熟的名字。妈妈总是要说:开春(或者立秋)阿要到东山去?然而到最后大都是白说,仅仅意念漫游东山——至少我没有去。我从没想过要在地图上找一找东山的位置,直到这一次旅行。

司机带我们从一条很新的路走。路上车辆和行人都非常少,有很长一段除了我们根本没有别人。我坐在靠窗的位置,望着烟雾缭绕的太湖。那看上去就像天边躺着的一条大白鱼,模糊了天与地的界限。我觉得自己思想贫乏,望着一条名叫太湖的大鱼却想不出什么,只好想:啊——!太湖美,最美不过太湖水!

路边每隔几十米就有一座小房子,红顶白墙,但完全不像别墅。小房子门口总是有一块空地,旁边植一棵大树,枝繁叶茂映衬着小红房顶。这样大而美丽的树,一定是有人在它下面乘凉。

我问严悦:"你知道那些房子是派什么用场的?"严悦探着脑袋看了看说:"不知道——也许是给钓鱼的人住吧?"我说:"那么我们去钓鱼吧?"她说:"好的呀好的呀。"我笑笑,扭头继续数小房子。过了一会儿,她拉着我说:"喂,去呀。真的去不去啦?"我说:"那么现在就跳下去。""跳呀。"她说。

车子仿佛知道我们的心思,还没等我们准备好跳,就飞快地到了东山。

在东山，出人意料，亲戚安排我们住在当地最好的东山宾馆。我们吓了一跳，然而推托无用，只好硬硬头皮住进去。

东山宾馆坐落在镇外，依山傍水。大城市里的宾馆只能在马路边上竖一幢高得看不见顶的摩天大楼，而它则铺天盖地地造出去。楼都不高，一小栋一小栋分开来，依着一点点山势，开阔无比。山腰上镶嵌的一幢幢小房子，据说是总统套房，我们只好看看，走不上去的。

我和严悦找到我们的房间。光线明亮，一尘不染。落地窗配着半透明的雪白窗帘，像大鸟的翅膀迎风飞舞招展。我欢叫一声跑到阳台上——在这里可以看到太湖！我说严悦严悦你快来看！

我们都很高兴，难以想象会突然从床单有香烟味道的小旅馆跑到了看得见太湖的明亮房间。只是两天以前，我们还在一艘小船上，与蚊虫作着殊死搏斗。而此时此刻我站在凉风习习的阳台上，看见四野开阔，一马平川，银白色的太湖平易近人——今天天气不错，湖上风平浪静。我大声咏叹：啊啊啊。

我在盥洗室洗脸的时候，坐在电视机前的严悦大叫起来。她在看 Channel V，看到了张信哲最新的音乐录影带。她不由感动万分，嚷道：我要昏过去了！

我们又在电视前面流连了一会儿，分别感动地叫了一两声，随后起身出发。时间是上午，我们开始了在东山的游荡。

宾馆大门外，一边驻扎着不少卖水果的小贩，有秩序地呈一字斜向排开。看见我和严悦，他们不约而同地招呼了起来。小贩们卖的一律是李子和杏子，用小竹筐满满装着，一筐一筐地卖。水灵灵的红色和黄色，一筐一筐，过于湿润的色彩从筐的缝隙里渗出来，化在空气里，呼噜呼噜，一塌糊涂，微风吹过来全是红红黄黄丰满和香艳的味道。

大门另一边歇了不少三轮车车夫。此刻早就急吼吼围了过来，邀请我们坐他的车子。你争我夺了一会儿，最后情况明朗化到只有两个车夫在竞争。问他们价钱，说是一个人三块钱两个人六块钱。我说："不行，太贵了，一共三块钱还差不多。"一个车夫露出目击飞碟从天而降的表情，说："三块钱？那绝对不来塞的。"——不来塞就是不可能、不可以的意思。严悦说："那有什么不来塞啦。镇上离这里又不远的。"那个人坚决摇头，权威地总结说："不来塞不来塞。"这时另一个车夫挤进来说："小姐，五块钱。一共五块钱，好了吧？"我坚持："三块钱。"他瞪大眼睛："三块钱？你去问问看，全世界哪里有这种价钱？"说着伸直手臂作了一个全世界的手势，可见他见多识广，气势宏大。我说："那么我们就走去好了。"说着往前走。

我和严悦已经走出了一段，五块钱的那个车夫骑着车从后面赶上来，说："小姐，五块钱很好了呀，走去也是很远一段路，坐上来吧！"我们原先就没有打算一定坐车的，眼看前面路上的景色似乎很好，就更不想坐车了，于是挥着手胜利地说："不坐不坐。"五块钱车夫毫不气馁，从各个方面论述三块钱的荒谬性，似乎要晓之以理动之以情。我们不理睬他。他刚想再说，从对面过来了一个车夫，他立刻问对方：阿什么，她们要三块钱坐我的车，怎么可能？对方说：三块钱啊，绝对不行的嘛。五块钱车夫得到了满意的答案，扭头对我们说："怎么样？真的真的是不可能的呀。"严悦发急跺脚道："啊呀我们不坐！不坐可不可以啦？"

我哈哈大笑。已经擦身而过的阿什么车夫也在哈哈大笑。五块钱车夫无奈，折了回去，看样子，他怎么也无法相信从宾馆里走出来的人居然如此小气。

我们走的这条水泥路很窄，根本还称不上是一条马路。路的两边，以白果树充当了行道树——这在其他城市似乎从来没有见到过。东山的银杏不同于我们一般概念上那种银杏。我过去见到的银杏都高大挺拔，树叶片片向上指着，光天化日下无端晃动，好像无数悲伤绝望的铃铛；而这里的银杏是专门结果实的品种，比较低矮，枝条则尽量向四周扩张、铺开，显得头重脚轻。正当白果开始成熟的季节，枝头挂满了一枚枚青白的果实，将坠未坠，像一滴滴青涩的眼泪——如此忧伤和沉重的果实，坠得每棵树都弯了腰，绿色枝条泪水涟涟地朝地面垂下。幸而当地人用竹竿来支撑结满白果的枝干，否则树枝就真的承受不了重负，要折断了。

一路走去，满眼绿阴阴，满罩白果树的忧愁。路上行人稀少，难得有一两个果农骑车过去，自行车后座挂着装满苹果或桃子的大竹筐，摇摇欲坠。酸甜的阳光舞蹈在路上，却难以接近路边的白果树。我从前就一直非常喜欢银杏：它们的树干永远是一种湿润的深色，仿佛身体里积满了泪水而没有办法流出来，它们的整个姿态就是仰望天空，甚至每片树叶都向上张开，颤动着像一个颤动的灵魂在等待超度。而这里的银杏却有种属于俗世的慵倦仪态——它们弯下柔软的腰肢，似乎受不住凡间的重负，同时又必须无可奈何地受着，年年岁岁，一年一度流淌出忧伤的泪水。它们仅仅流泪而不叹息，平易近人的忧郁蔓延至每根枝条。

四周非常沉静，衬托得阳光鲜灵活跳。我一路走过去，看一棵棵白果树向阳光默默伸出它们慈悲为怀的枝条。

也有不少人家。他们把房子造在路边，白果树绿荫掩映下。这些房子脚下全部垫着用石块垒起的地基，高出地面大约半米。我想这样做是为了防湿气，同时也非常好看。有些宅子一旁会辟出一块空地，上面挖口井，安静地守候着。隔一段路，就有个老妈妈坐在门口台阶下面，一边扇蒲扇，一边看着不远处的两三个小孩。我注意到，所有人家的门楣上都悬挂着一面圆形的镜子——原来在宁静的树荫下，这里的人迷信起来也是静悄悄的。

走到镇上，用了大约二十分钟的时间。我们首先遇到的是一大片新城区，路筑得非常宽，因为行人稀少，看上去似乎显得过于空旷。接下来要做的第一件事，是找到我叔公的家。叔公就是我外公的弟弟，现在住在东山镇上。在家里，妈妈时常提起他，逢年过节，他和叔婆有时也会来上海。很久以前，他就念叨要带我去看东山的雕花大楼了。

我们往镇中心走。到处都没有什么人，即使最热闹的地方，也不给人热闹的感觉。找叔公的家并没有费什么周折，走进那片居民区，一眼看见一排公房的尽头，一位老人背对着我们，正站在煤球炉前——我认出这就是叔公了。

我快步走上前去，叫着叔公。他回过头，看见是我，又白又长的眉毛下面，眼睛里似乎也并没有特别的诧异，只是说，咦，许佳，你来啦。一转身，带我们朝里走。家就在一楼，他一边开门一边说，来了怎么也不事先说一声。

房间里没有人。叔公说，叔婆到上海，我姨妈家去了。他叫我们坐,给我们开可乐。这是比较老式的公房,没有正式的客厅,进门这间充作客厅的房间光线有点暗。我坐着,一直在看墙上贴的画——这一张那一张,有许多,一看就知道是小孩画的,估计是叔公的孙女。我跟叔公讲讲这一路过来的经历,他听着,脸上有一种认真勤谨的神情,自始至终没有大的变化。我觉得叔公长得是很像我外公的。后来告诉妈妈,她却说没有,我说是像的,她说,兄弟么,总有一点点像。可我觉得他们是很像——问题不在于五官,而是身上有种极其相像的东西。同样,见到奶奶的妹妹时,我也觉得她们非常像,而妈妈说奶奶同这个妹妹并不是最像的。我想,老年的兄弟姐妹,可能是在漫长的岁月中逐渐拥有了一种共同的东西,因而不管怎么样都显得相像。

叔公说,怎么办,你们来了也不通知,我这里没有做什么吃——我自己刚才想烧点泡饭吃吃算了。我说不要紧,我们不在这里吃,叔公您也别吃泡饭了,我们出去吃吧。叔公说,我烧也烧好了。说着走出去,把门外的煤球炉拎进来。家里其实是有煤气灶的,老人却喜欢生煤球炉。方便这个词,对不同的人总是意味着不同的东西。

我又说真的叔公我们出去吃吧,泡饭就放在这里好了。他想了想,说好吧。于是老人带着我们出去,找到一家饭店,给我们点了太湖的名产:银鱼炒蛋、盐水白虾和莼菜汤。太湖水产资源丰富,所以到了东山,就是要吃这些水产。叔公找的这个店家,每个菜都要堆满满一盆,价钱也很便宜。我想,幸亏找了叔公出来。

吃过午饭,叔公当仁不让地要带我们去雕花大楼。和叔公在一起，我们觉得自己是年轻人，要当心好年近八十的老人，而他却觉得他是长辈、是本地人，理当照顾我们小辈。不过，想想也对，有一个当地人陪伴，心里踏实了很多。叔公帮我们找到一辆面包车，开去看雕花楼。

车子是两个年轻男子经营的。初次弯腰进入车厢的时候，我吓了一跳：从座椅到车窗都破破烂烂，很难相信这样的车子也能开得动——正午新鲜的阳光照到车厢里，更衬托得它完全像一辆弃车。车主人衣服穿得很少，像车子一样，给人一种陈旧的印象。我们刚刚坐定，汽车就摇晃起来，紧接着毫不含糊地冲了出去。

旧上海董家渡曾有一家老公茂纱行，老板金锡之原是一个到上海学生意的东山人。一战前夕，他向英国怡和纱厂订过大批棉纱，货物还没来得及运到，大战就爆发了；四年之后，大战结束，金锡之才拿到这批棉纱。当时棉纱价格暴涨，而对方由于失期，愿按原价结算，因而金锡之发了一笔横财。之后，他回家乡欲造宅邸"春在楼"。没想到，为多挣工钱，工匠串通其兄弟金植之，提高了建造规模和规格，大兴土木，历时三年，耗资15万银洋，造成了远出乎金锡之意料之外的华丽庄园，也就是今天的"雕花大楼"。

我听到这故事，觉得雕花楼似乎完全是一个巧合。而当我真正来到雕花楼的时候，一切看来都极端实在。他们已把庄园的一部分改成了"雕花楼宾馆"，并且像一切旅游点一样，在大门口设有售票处和检票口。门口的一棵大树下，有小贩在卖莲子，坚决塞了一颗给我，让我吃吃看。

我们风尘仆仆地跑到太湖里的东山、东山上的雕花大楼——这一路上,每到一个地方就要看建筑物,看许许多多不属于自己的房子。我发现看房子需要一种心境——你必须想象:假如我住在这里……否则就难以打起兴致来。然而我其实并不喜欢这一类展览的老房子,也就是说,我不大愿意想象自己住在里面的情形。我不愿意想象,那属于我的一进又一进住宅,一进一进,走到更深更深的隔绝和不祥里面去;我不愿意想象,那属于我的黑暗的楼梯,一级一级,通到更窄更窄的空洞和不安里面去;我不愿意看那些红木的宁式床,不愿意想象五彩缤纷的被褥里面,缝着很凶很凶的夜晚,走道里曲曲弯弯,像黄鳝的身体一样冰凉光滑的夜晚。我不能以一种漠然的心情看它们,因为所有这些地方都住过人,都为人造起来,有一天和主人一同死去——我不能忘记,那是一具死尸。

所以,在到雕花楼之前,我并不存有任何期待。直到我走进了精工细刻着"天赐纯嘏"的大门,才发现了这座建筑的与众不同。

它的确是我所见过的最华丽和精致的住宅,触目所见,到处都是雕刻,堆堆砌砌,显得非常繁缛。更有趣的是,宅中细节寄寓着许多复杂的口彩,什么"洪福齐天""万年永昌""福寿双全""双喜临门""如意传代""挥金护邻""富贵双全""百年好合""终年相望""福寿绵长"……板瓦筑成的各种屋脊,要象征"花开四季、富贵长春、百果结子、多子多孙";连照壁、顶脊、门楼、梁柱上的花样,以及门窗上的搭钮插销、门槛上的销眼,也要合成"出门有喜,进门有宝,抬头有寿,回头有官,伸手有钱,脚踏有福"的顺口溜。加上门窗上雕刻的《二十四孝》,看得我头昏眼花。我看雕花楼完全可以称作"中国吉利话大全"。狂想发财会丰富人们的想象力。我晕晕乎乎地听叔公解释一个又一个寓意,脑海中浮现出衣食住行遍地都是口彩的生活。15万银洋——我过去对这个数字没有具体的概念,现在我懂了:15万银洋砌进了人对财富所有单纯火热的向往。从主人金锡之,到造楼的每一个工匠,所有人用渴望发财这种通俗的形式表达他们对生活的恋慕。这个滚烫的、最最俗气的渴望,永远是活泼泼的,为所有人深刻理解。

我徘徊在这座富丽而多少显得有点俗气的大宅里——历史不长,仅七十多年,但人去楼空的历史占了很大的一部分——不容易,至今为止它还保留着一种生活的热闹气,人的气味。

叔公带我走进楼梯下的暗门——当然,现在是"明门"了。叔公说话的时候,像大多数老人一样,很少转折,也没有丰富的表情,但自有一种娓娓道来的意味,讲出来的每句话都像故事。他说雕花大楼共有三层,而第三层由于工匠要偷工减料,被巧妙地截去了一段,缩在前两层的后面——这样一来,却正好造成了顶层的隐蔽效果,站在院子里往上看,不存心的话很难看出这一层。他又说,楼里藏着要从匾额后面爬进去的阁楼,东厢门有通往宅外的地洞,还有我们现在正往上走的暗门暗道——有了这些挖空心思的设施,虽说湖盗猖狂,但三次闯入也没有大的收获。我们由暗道进入了顶楼的密室——据说这里就是主人藏财保命的所在。不大的一间房间,里面还另套了一间密室,正中摆着一张大烟榻,不知道上面有没有蜷缩过胆战心惊的主人。

我在密室里转了几圈。虽说是藏宝的地方,现在自然没剩下什么宝贝。一两个破旧的玻璃柜靠墙斜倚,里面放着不辨真伪的几幅古董字画。我想象着几十年前,这里堆满了金银珠宝的景象,心不由用连续的半音跳了几下:这未免太富于小说意味。我不知道一个上海的纱行老板究竟会不会放弃银行却选择在家里藏宝,但我很愿意相信这是真的。

从雕花大楼出来,只见刚才送我们过来的那辆破面包车依然停在原处,两个男人倚在车门上,抽烟说话。我们走过去,其中一个人就问要不要去紫金庵。这就好像在我们脸上写着要去紫金庵一样。我们要不要去紫金庵?

紫金庵坐落在东山中部的西卯坞,从雕花楼所在的东山镇上过去,还有挺长的一段路程,开车也需要二十几分钟。出了城,汽车开始爬坡,往山道上走。照我爸爸一贯的说法,像这样的地形不能算山,不过是个土包而已,可是我总不能叫它"土包道"吧,何况我每当看见比平地高的地方就雀跃不已。我喜欢那种带点地势起伏的城市——最好是丘陵城市——马路会在你的面前懒洋洋地竖起来,房子高高低低,有些就像造在悬崖峭壁上,视平线以上数米有渺小的窗户,一张白色圆脸在窗口恍若上帝般注视着脚下匆匆走过的你。

此刻我乘坐破陋的面包车,一路往高处去。的确这只能算作一个土包——从车窗望出去,坡度极其平缓地往下延伸到地面,一个人即便就此滚下去,恐怕也不会有多大损伤。只见山坡上种满了橘树,一棵又一棵,连滚带爬,一直到山脚下。东山出的橘子,从前亲戚也送来过,我吃了不少。那叫作红橘,个小,没什么特别的好处，一瓣瓣吃下来，橘核层出不穷，多得就像银河系里的行星——我曾带红橘到学校里，分给要好的同学，大家比赛谁能创"发现橘核最多纪录"，乐趣无穷。虽然如此，红橘是我所见过的最漂亮的橘子，正所谓名符其实，它是暖融融的深橘红色，正像小红灯笼。我望着漫山遍野的橘树，想象深秋橘子成熟的时节，墨绿的叶片衬着果实乡气而健壮的红脸——那时假如行车在这里，就会有热情的橘红色扑面而来，也许连风也被染红了，整个"土包"都是酸甜的。

橘树纵情奔跑到山脚下，就遇到了平原。树林在平原上摇身一变，成为鱼塘。我对江南乡间的鱼塘屡见不鲜，但是从没见过这样幅员辽阔的一整片地域中竟然肩并肩布满了大大小小的鱼塘。极目远眺，银闪闪的水面由纵横交错的绿色田埂隔开，就像一袭珍贵的织物被卷成一卷放到山脚，接着滚铺了开去，也说不准究竟它有多大，总之是穷奢极欲地向远处铺张，明晃晃地一波一波，中间衬毛茸茸的植物，间或跳出来一幢黑瓦白墙的小房子……摊手摊脚地延展下去，一直到被水气模糊了的灰绿色地平线上，也似乎没有止步的意思，腰一弯，顺着地球本身的弧度，汩汩流淌了下去。

我的目光顺着斜坡滑下去，在鱼网格的鱼塘群中，作跳房子游戏般地往远处单腿跳过去，一直跳到地平线上，溶化了——说不清那里水蒙蒙的灰绿色究竟是什么，只是很像长在水底的一大片水草，忧郁地摇摆着，往上，银白的天空是一个无边无际的鱼塘。好像有种玩具叫作中国盒子，就是大盒子套小盒子小盒子套小小盒子一直套下去——江南就这样被套在中国盒子式的鱼塘体系中，没有出路；江南摇曳着，很优越地占有这个水蒙蒙的盒子——就像人一样，有时候陷于某种境地而不需要寻找出路，因为可以满足。

我收回目光，再照原路线放出去，跌打滚爬。滑下山坡……橘树——勇往直前……鱼塘——水气浪花般拍上目光的脚背……地平线——在游乐场坐高空飞车似的突然笔直向上腾起……上面的天空。真是好风景。这就像给山路穿上一条绿色大裙摆的长裙子，裙子上装着巨大的、银光闪闪的裙裾，一直铺到天边。

汽车停在一块不大的空地上。空地前面，绿色的山包勾出一道舒缓的弧线，而整条弧线从这端到那端都是寂寂的。紫金庵的黄色墙垣像黄丝带缚在一棵巨大的树上，好像并没有什么游人——看样子离停车的地方很近，登几级石梯，很容易就应当到了。然而我没有想到，从立脚的地方到那根黄丝带，还有一段艰难的路程。

所谓艰难，同地理条件无关，而完全是人为造成的。在通往紫金庵的石梯两边，从头到尾有规模浩大的小贩夹道欢迎，且多是五十到七十岁的女性，人数之多，恐怕大大超出这里全天的游客数量。她们兜售真假难辨的灵芝、袋包装的茶叶，以及各种粗制滥造的旅游纪念品。见到我们，她们不仅仅要站在路边吆喝，更多的人是肌肉紧张地尾随而来，一路上唠唠叨叨，连逼带求，希望我们能买她们的东西。我们一行三人意志坚定，一路上头也不回地往高处走，谁知她们不肯放松，始终粘在后面，说话的声音有尖利有沙哑，混在一块儿，不由令人头昏脑涨。一直跟到紫金庵门口，我去买票了，她们明白再要跟就必须买票，只得散去。我买了票，只见严悦已神色阴沉，眼看再给纠缠片刻就要爆发了；叔公倒依旧神清气爽，似乎这一路是飞上来的。

紫金庵现在已经完全变成一个旅游点，不再有出家人了。我们踏入庵门时，是下午阳光最盛大的时候，庵里几乎见不到什么人，天井里金桂、玉兰两棵古树，投下影子落在空寂寂的石桌石凳上，底下青砖铺就的地面，因为长了苔藓而长年潮湿。

叔公带我去看大殿里的泥塑罗汉——紫金庵就是以这些泥塑闻名的。说起来，这个庵非常小，连所谓的大殿也没有大殿的气派，仅仅十来步就走到了头，不过殿正中的三尊主佛和两边佛龛里的十六罗汉像倒确实值得一看。相传，这些塑像是南宋民间雕塑家雷潮夫妇所作。我从这头走到那头，又从那头走到这头，来来回回，看个没完。十六罗汉每张面孔都似曾相识，是你走在路上随便就能见到的普通人的面孔。寂静和炎热的下午，这些熟悉的面孔在玻璃后面望着我。

在靠边一个像茶水间的房间里，我和严悦发现了一只午睡的小白猫。它摊手摊脚地躺在翻过身的板凳里面，姿势酷似一个热得忍无可忍的瘦子。我捅捅严悦，说：喏，像你。她脖子往后缩了缩，一本正经地发个爆破音：呸——！像你。小白猫被我俩的说话声吵醒了，睁开眼睛不得要领地瞪着我们。瞪了一会儿，它慢条斯理地吐出粉红的舌头，像一个小孩在冲弄堂里走过的人做怪相。我又捅捅严悦：真像你。

奇怪。这里既不再有出家人，当然没有人住。没有人住，又怎么照管这只小猫呢？我们打量着小猫，"咪咪咪咪"无病呻吟地叫唤了几声。小猫不理睬我们，仅仅瘫在原处，酷热的姿势、冷静的神情，接纳我们的目光。它任凭舌头挂在胸前，挂了那么久，真令人怀疑这个行动有没有什么特殊意义。我们与小猫对视，一刹那静得斗转星移。

难得小猫不怕陌生人，我们心怀感激地走出了茶水间。

叔公正坐在桂树下的石凳上休息。我们也去坐下。有几个游客闹嚷嚷地走了进来，这里那里指指戳戳一番，一阵风似的走了。庵里绿树掩映，静得出奇。没有风，然而头顶上的金桂玉兰隐约在交谈，脚底的青苔自言自语着，讷讷地。没人照管的小白猫继续午睡，伸长舌头，去接住许多柔软的、呼噜呼噜的梦——许多梦，躺在它的舌尖上，自生自灭，终其寂寞一生。罗汉们的面相容人亲近，几百年过去，依然不改初衷，保持着原有的神情。他们每个人都像天天同我擦身而过的人，是我能够随意与之交谈的人——"饭吃了吗？""你孩子在哪里读书？""你每个礼拜都买福利彩票吗？"像这样给人安全感的熟悉的陌生人。我想象到夜深人静的时候，售票员走了，扫地的走了，山道上的小贩也撤退了，于是大殿里的面孔抬起来……大佛和罗汉，说着普通人的话；他们点起灯走来走去，身上被照得五彩斑斓，像一个个梦，落在小猫的舌尖上，自生自灭。

走出紫金庵，经过许多自生自灭的果树。又遇到小贩夹道欢送，十八相送依依不舍，一直送到面包车前，大有再送一程之意。

坐车回东山镇，一路上复习橘树和鱼塘的美景，又一次流连忘返。真遗憾——假如能挑一个风和日丽的天气，骑辆自行车缓缓上山来，走走停停，拦住果农买点桃子杨梅吃吃，那有多棒！

这样想着，吹面不寒杨柳风似乎已经低低地掠过了山坡上橘树的枝头。

回到镇上，告别了破旧的面包车，我询问叔公，能不能带我们去老街溜一圈。叔公欣然应允，当下往老街的方向走去。

东山的老街有点破落气，一些房子简直就是弃宅。然而新房子和旧房子排列在一起，那种不作任何规划的样子，令人倍感亲切。许多人家在临街的窗子下面砌了个水泥平台，方便洗衣拣菜晒鞋子。也有人在街上搭起了葡萄架、丝瓜架，于是狭窄的街道被绿荫掩蔽了。工作日的下午，不少人家大门紧闭，入目的多是老人和孩子。满头大汗的小男孩三三两两擦腰而过，身上的汗衫已经洗得遗失了本色。他们同手同脚地走，用不知所措的眼神瞪牢我们；我对他们笑笑，他们逃，逃的时候，五步一回头，到很远，才嘻嘻地笑出来。

健康男孩的童年总是在你追我逃当中奔跑而过的。

走过一座小小的石板平桥，叔公指给我看墙上一块"响水涧"的牌子。顾名思义，这条涧的水流应当发出响声了？为什么听不见呢？我站在桥上，凭栏往下看——老天爷，底下堆满了垃圾，简直是一条垃圾沟。那里有水啊？叔公说，这里早就干涸了，过去有水流的时候，确实是发出响声的。我翻出旅行手册，试着找"响水涧"，只见里面写道："每当雨后，山水奔涌直下，浩浩荡荡，冲击着涧中块块岩石，冲击着驳岸崖壁，水流急涌，飞流争道回旋撞击，水声大作，银珠飞溅……而在平时，水流清澈澄碧，水声顿挫有致，仿佛一首委婉的古典乐曲，令人心旷神怡，悠然忘返。枯水时节，涧水涓涓细流，若断若续，明流暗淌，似有若无，又似淡淡悠悠的小夜曲，给人以恬淡、悠闲、神秘之感。"——这是什么意思？我在原地站了一会儿，见近处有间屋子架空于涧上，底下也堆满垃圾——这应当就是手册里介绍的"跨涧而立的小屋枕流居"了。假如枕的确实是水流，那倒十分风雅。

我们把不响的响水涧抛到脑后，往前走去。叔公不时遇见熟人，打着招呼。走着走着，几乎走得麻木，突然严悦拉住我，惊讶地说："看呀，看呀！"我探头往路边一扇门里一看，不由"啊"地叫了起来——原来那个屋子里，靠墙站着一个一人高的木雕千手观音，有个人正在往观音背上装手，听见我的叫声，他抬头看我一眼，屋子里其他三个人也看着我，一人手里拿着一把刻刀和一只没有完成的木手。

继续往前的时候，我对严悦说，下次再到庙里去，我肯定要想起这里的。严悦说，是的呀是的呀。我们一边说，一边木噱噱地走。叔公又在和人打招呼。走了一会儿，我说，唉，想不到，佛像是一只手一只手做出来的。严悦点头，把照相机的带子拉到肩头，造成五花大绑的视觉效果，说，吓人哦。

我们就这样漫无目的地在看似没完没了的老街上行进着，阳光从斜上方照下来，照到街宽的四分之三。一群老人排排坐在杂货店的门槛上，注视着我们。我嗅了嗅空气中的味道，忽然想，从什么时候开始，我们的旅行成了一件漫无目的的事呢？还是从薛伯伯开船的那一瞬间，我们就漫无目的了？或者是从我做出旅行决定的时候起？是不是也有可能，我们从刚一出生，就注定要漫无目的地流落到世界上？我扭头看看严悦——她把照相机挂在瘦肩膀上，大走特走，画满青蛙的包在胯骨周围摇摆。我想，自己同她一样，是个漫无目的的小人儿。

那天最想不到的是会撞见一家老式茶馆。它坐落在路边，大概有三四个开间，算得上宽敞，能容下十几张桌子。要不是叔公提醒我看老虎灶，也许我就不会注意到它了。是的，这是一家用老虎灶烧水的老式农村茶馆，一望而知灶头和店堂都已经用了许多年，到处蒙着厚厚一层灰褐色烟垢。看样子，茶馆的生意还挺好，店堂里每张桌上都坐着人，并且以老头居多。靠门口的三四张桌上开着牌局——麻将或八十分。我走进去问哪个是这里的老板，一位笑眯眯的老爷爷指着坐在里面桌边的那个老太。我上前叫阿婆，问她这个茶馆开到现在有多少年了，来喝茶的都是些什么人。老太坐着不动，一只手臂搁在桌上，对我半抬起脸，又在抬脸的基础上翻起眼皮。她长着一对像猫头鹰一样尖利和冷漠的眼睛，瞪着人看的样子极其沉默，弄得我有点胆怯。片刻，她低下头，四处看看，不作声。我小心翼翼地试着重新问一遍。这回她根本不理睬我，双手撑膝站起来，走到别处去了。旁边的老爷爷说："人家问，你就告诉人家么。"说着和气地告诉我这家茶馆店是老太的父亲传下来的。

聊了一会儿，我跑去在店堂里转来转去，看老爷爷们打牌。牌桌上气氛很肃穆，基本上什么话也不说；有个人在桌上放着个水烟罐子，隔半晌端起来呼噜呼噜地抽一通。听说他们每天下午都到这里来打牌做伴，而这一个下午又即将逝去了。他们用手指拈着牌，一会儿抽出这张，一会儿抽出那张，头略往一边歪，面无表情。只有一回，那个抽水烟的老爷爷从茶晶镜片后面抬起眼睛，沉沉地看了我一眼。

我请那个一脸凶相的老板娘给我泡壶茶，她一愣，说：我们这里的茶，你们城里人吃不惯。我赶忙说吃得惯吃得惯。她眼光游移，一会儿走到东，一会儿走到西，说：脏的，不好吃。我说没有关系。叔公也在一边帮着说没有关系。她又支吾了半晌，最后说：要关门了，没水泡茶。无奈，我们只好离开这个巧合的茶馆。我心里诧异：既然她是卖茶的，怎么会有拒绝卖给我的道理呢？

跨出门槛刚想走，一个胖胖的老奶奶不知从哪里跑到我们面前，摇着扇子，口气神秘地说："她很脏的！……"不容我们插话地说了一大通。我隐约听出来，这老奶奶住在茶馆店隔壁，老虎灶为了节省，不烧煤却烧垃圾，弄得邻里苦不堪言。不知她以为我们是什么人，要这样对我们投诉。估计老板娘态度冷淡，也是为了这类原因。

走出一段路，突然发现自己把旅行手册落在茶馆里了，急忙赶回去取。这一小会儿时间，茶馆里人已去了大半，看来的确快打烊了。我一眼看见手册躺在门口的长凳上，就跑去拿过来。临走，我忍不住扭头看了一眼。剩下的人们依旧聚精会神地打着牌，那凶恶的老太正在整理灶头。过去我遇见的老人，大都和蔼可亲，很愿意别人搭话，整洁的衣着下面是一颗发福的柔软的心。今天是第一次遇到这样坚硬和肃穆的一群老人。我想他们自有他们的道理。

我走的时候，阳光正斜照在老虎灶上。

在东山的第二天上午，叔公带我们去了老家——太湖中的移山岛。岛不大，可是我在那里流连了很久。照理，移山是东山的一部分，应当放在这一章中写。但是，因为它不为人所知而又实在是太特别了，所以我决定违反常例，为它另辟一章。

那天下午，我和严悦租了一艘快艇，从东山宾馆的码头出发，穿过太湖到西山去。快艇在湖上开了不过二十分钟左右，艇主就叫我们上岸了。上岸的地方距西山镇还有一段路，但艇主说他只能送到这里，再进去就要被拦住了。我们只得跑到岸上。

走了一小段路，遇到一个小邮局，房子破得随时可能一病不起。邮局门口挂着个灰扑扑的邮箱。一见之下，我和严悦双双叫了起来。从商榻到西山，一路上有时遍寻邮箱不着——最苦恼的是在周庄那一次，从城内走到城外，连问数十人，总是只看见投诉箱，到后来走过了还不知晓——想不到会在这样一个荒僻的所在撞见。我们喜出望外，飞速填好明信片扔进去。

寄过明信片之后，立刻有一辆车子拦住了我们——也是一辆做生意的车。这辆车比东山那辆面包车更绝，是小货车，座位极拥挤。我们正愁不认得路，但这些天的经验告诉我们，想坐车就要装作很愿意走路的样子，才能少出冤枉钱。车主是个小胖子，我们跟他缠了半天，讲定价钱，让他带我们去林屋洞。

旅行手册上说，林屋洞生在一座山中，该山因此得名林屋山。手册又称林屋洞为"天下第九洞"，只是我不知道前八洞是些什么。

到了那里，我们发现所谓神仙洞府已经被开辟成了一所公园。买票进门，先是踏入一个小天井，迎面是几棵银杏树，树枝上系满了红丝带，喜气洋洋，倒是很抢眼。严悦说：这是干什么？我说：不知道。上前细看，只见红丝带上都印着黄字，写的是"心想事成""前程似锦""万事如意"一类的吉利话，多数丝带上还签了名、写了愿望。

我想也系根红丝带上去。四处一张望，发现靠边一个杂货店柜台上躺着这样的红丝带。于是我和严悦一人买了一根，我的是"一帆风顺"，她的是"万事如意"。我掏出笔写了"愿旅途平安快乐"一类话，顺便在旁边画上个站在船头大招其手的小人。墨水在丝带上化得一塌糊涂，顺着织物的纹理，每个字都像挂了流苏。严悦把头伸到我颚下，手指那个小人说："咦，你啊？"说着吃吃地笑，脸上贼忒兮兮。我敲她的头，把笔递过去。她手拉丝带的两头，横过来竖过去，考虑了很久，终于写上："祝在上海的同学们快乐。我想你们！"

严悦今年参加高考，刚刚和相处七年的同学分开。这几天跟随我漂泊在外，流离失所，她犯上了严重的思乡病，像小孩出麻疹一样蔓延全身。

林屋洞里很多人窜来窜去，绿色和紫色的光照着大家的脸，每个人都像妖怪。石头湿叽叽的，水还一直在滴下来。洞里很阴凉，穿短袖T恤有点寒意——我想起去年到本溪水洞的时候，在门口交了票子，一人要领一件棉大衣，就觉得这没有什么了。

天下的溶洞，乍一看都差不离。我和严悦一前一后地在石头之间穿出穿进，不时和其他游人撞在一起，听到兴奋的小孩们装鬼叫着四处奔跑。我问严悦："你有没有一点怕？"她说："是有点怕丝丝。"停一停，又说："我一向不大喜欢洞。"

出了林屋洞，我们打算去西山岛东南隅的石公山。在马路上，不用拦车子，车子就会来拦住你。第一个讲定的车主有一辆看上去还挺新的面包车。我们坐他的车，可能是看中他人长得漂亮。没想到祸从天降：车子发动之后，跑了没有五米，就趴在地下不动了。长着英俊面孔的车主满头大汗跳下车检查出了什么毛病。身后的其他人闻风而动。刚才与他竞拍失败的那个车主"突突突"开着车过来了。

到最后，我们还是不得不放弃那位英俊的车主，选择了后者。他开的是一辆摩托车改装的小货车，漆成耀眼的红色。我们坐在里面，一路颠簸，往后看什么也记不住的风景。这让我想起了那个动画片《小猪芬蒂克》：马戏团里所有的人坐在一辆大篷车里，脚荡到外面，小猪芬蒂克用明亮得无法忍受的少年喉咙大唱特唱，像扔雪球般一个接一个抛出滚烫的卷舌音。而我们坐的这辆红车就有一种马戏团的气氛。可惜我不是小猪芬蒂克，想发出的声音，给车子一颠，就吞回去了。

既然在船上做了唱戏的，为什么不能在车上做马戏团呢？

石公山，顾名思义就是一座石头的山。海灯法师曾经在这里的石公庵当过住持。我和严悦在山上兜了一圈。我发现这里好些地方真像大连的燕窝岭。

我们在山上遇到一群吵吵闹闹的同龄人，听口音应当也是上海来的。我们彼此并没有搭话，可是也许因为山太小，不管怎么走都会前前后后撞在一块儿。他们男男女女一大帮人，衬托得我和严悦势单力孤。突然，我们两个隐约感到一丝孤独。我看严悦走得有点累，就逗她，指着一棵香樟树的小苗问她知不知道这是什么。她瞥了一眼，面无表情地说："紫角叶。"说完之后，立刻同我一起大笑起来。

后来我到处随便指树木花草，对她重复："喏，紫角叶。"到最后指无可指，只好指着她说："喏，紫角叶。"她在石梯上跳起来，说："呸！你才是紫角叶！"我们顶来顶去，到末了只好说："两个人都是紫角叶。不得了。"说完，我们两个人笑得差点从山上滚下山脚去。

想想看吧：两片紫角叶在西山走来走去。

在西山的游荡很快结束了。我们打算乘公共汽车，经木渎转车回东山。乘车的目的，主要是想看看4308米的太湖大桥。它建于1994年，连接了太湖中的西山岛和太湖边的吴县。说起来，原先我还以为西山同东山一样，是个半岛。

公共汽车上有不少售票员的熟人，大家说个不停。严悦听着张信哲，却睡着了。车子开过太湖大桥，到木渎停下来，我们下车去换一辆20路。以前在上海，只知道20路到外滩，没想到，20路还能到东山。

在制定旅行路线的时候，原本木渎也被列在名单之中，后来因为时间因素，就把它舍去了。没想到，现在却还有缘分到木渎来。我和严悦走在木渎的马路上，一辆辆巨大的汽车从我们面前开过，扬起漫天尘土。我们很仓促地过了马路，就像从来也没有过马路的经验。站在车站上，和许多熟悉这条线路的人一起等车。我抬头望着站牌：

20　木渎　下站　尧峰　开往　东山

16　木渎　下站　灵岩山　开往　灵岩山

身后是一条石子路的老街。估计走进去一点就到老城区了。

车站旁边歇了不少摩托车、三轮车,三轮车的座位后面写着木渎景点;车夫们看见我注意到他们,马上嚷嚷起来,说小姐要不要领你去游览?

我犹豫着。我现在已经到了木渎,再往里走几步就是木渎老城。我望着马路,和马路上来来往往的车辆。我又去望那些车夫。在我的左手,停着一辆夏利,一张苍白的长脸在茶色玻璃后面注视着我。——这是我第一眼看见的木渎。假如我走进老城区去,小桥流水一番之后再回到这里,重新等一辆20路的公共汽车——那大概非常令人沮丧吧?

好几辆陌生的公共汽车在站头上停下,又开走了。说不定我们刚刚错过了一辆直达上海的公共汽车。我想象着,我们上错了汽车,而它最终把我们在人民广场放下来——当我们看到大剧院的玻璃幕墙时,会怎么样笑啊!

噪音在路上散步。我还是决定不去木渎老城区。就把这里当作一个中转站,不要僭越这点点缘分的范围吧。我眼中的木渎,就是跳下车时看见的大马路、20路和16路的站牌、车夫、夏利车里的脸、几个在公路饭店门口晃悠的身份不明者——自然,在这些背后,沿一条石子路往里走一点,有一个老城区,因为没见过,所以不着边际、没有大小,像鸡蛋那样,没敲碎之前总是最圆满。

20路来了。上车之前,我又看了站牌一眼:20　木渎　下站　尧峰　开往　东山;16　木渎　下站　灵岩山　开往　灵岩山。谁会想到,有一天我跑到木渎来,是专门为了乘公共汽车呢?

车里有不少下班回家的人，有烤鸡的香气。我们找窗口的扶手站好，很高兴重温"巨龙"车的氛围。车子开动了。我往窗外看去，发现自己还是很喜欢大马路大汽车的木渎。

再见，我的木渎！

这天晚上，严悦把自己埋在东山宾馆的白床单里面，看闭路电视播的《黑马王子》。她大叫：啊，电视真好看！电视怎么会那么好看！

白天再到来的时候，就是我们离开东山的一天了。上午我们去了宾馆近旁的启园。据说这里是康熙南巡曾来过的地方，太湖边一个亭子里，还竖着块刘墉题的"御码头"石碑，只是我在上面发现了不少别人的名字，全是游客刻上的——大概他们以能把大名与刘墉并列为荣。天很阴，气压已经低了好多天——正当我们在回廊里面兜不出头绪来的时候，雨落进了廊外的荷花池。

在移山

在东山和西山的几天里,我发现了一个全新概念的江南。走在白果树开道的大路上,不时有果农骑着装满瓜果的自行车摇摇晃晃地经过。我常常凝视果农的背影,默念这一路过来的路线:商榻—锦溪—甪直—周庄—同里—东山—西山。我想,当我们坐着巴士来到东山的时候,大概就从昏暗绵长的小巷里走了出来——这样想着,白果树沉重的浅绿色枝条在我面前缓缓掠过。

我觉得当那么多枝条在面前掠过之后,将出现在面前的就是太湖中的小岛移山了。这么许多天,我们又累又热地穿过无数条窄长的小巷,经过无数半开半掩的小木门,一步一步地数着铺路的小石子,让沉重的悲伤的白果树枝条一一从面前掠过;夏天的阳光穿过这些巷子、门、石子、枝条,斑驳陆离地照在我们脸上,紫灰的,浅绿的,月白的。突然之间,我站在了清晨的小码头上。

天真的还很早。太湖上有稀薄的水汽。一旁叔公说,天气好的时候,站在这里完全可以看见移山岛的轮廓。可惜现在我看不见。我站在码头极其靠边的地方,伸长脖子往天边看。在我的脚下,一个中年妇女正蹲着淘米洗菜,我一不小心就会踢到她的屁股。身后,两个十一二岁的小男孩在钓鱼。他们穿好像是从五岁穿到现在的汗衫和短裤,四条极其瘦长的腿从窄小的短裤裤腿里伸出来，让人感觉他们长得像时间一样飞快。又有一个瘦削的男人走过来，蹲下洗衣服——我第一次亲眼看见别人把湿衣服摊在石头上，用大木棒"啪啪"地捣，把里面的肥皂水捣出来。

码头实在非常小，有点像一座放大的水桥。几条小木船停靠在码头上，静静地，随着洗衣淘米的人荡出的水波，它们柔顺地摇荡着。我们在等这些小船的主人回来——他们都是一大早从移山赶过来的，带着太湖中网起的鲜鱼，到集市上去出手卖掉——自然，昨晚他们又度过了一个水中的不眠之夜。看看时间，虽说八点还没到，但估计就快落市了，到他们中的任何一个回码头时，我们就可以搭船去移山。

码头上很宁静，人来人去，从不惊动他人。我始终站在边缘，透过水气，望着望不见的故乡。

——我惊讶地发现，筑码头的这块大砖头居然是光绪年间的一块墓碑。

不久，叔公对着路口叫了起来。我看见他是在同一个精干的中年妇人打招呼。之后，他扭头对我说："来了，来了。"原来这个妇人刚做完买卖，要摇船回去，正好让我们搭船。我经常听妈妈说，这些年来岛上日渐衰落，年轻力壮的都离开了，只余下一些老弱病残——叔公的同辈或晚辈。因而他对岛上居民十分熟悉，也就不是怪事了。

船缓缓地离开了码头，向湖中驶去。这是一艘摇橹的木船。四周非常静谧，只剩下橹击打水面的小声音。当码头离我们越来越远的时候，前方的视野中就出现了一个灰色的长斑点，叔公说，看呀，那就是移山。

我没想到，移山是那么近，看上去简直可以在纵身一跃间落到东山的另一边。我说："怎么那么近？"叔公说："看看近，其实不算近。"我于是问摇船的妇人，像这样摇到移山，要多少时间。她答道："快得很。半个钟头就到了。"要半个钟头么？我望了一眼前方的斑点：虽说不远，但比我想的可要远得多。

太湖上有人在打鱼、捞水草，或者罱泥。一切都是无声的。我低头看水面，惊喜地发现自己与水面竟如此接近。前几天坐在薛伯伯船上，因为是挂机船，船身又比较大，所以离水面还有一段距离；而这条小小的木船，低得我的手指随便一伸就能触动清凉的太湖水。深绿的水草从水底盘旋着扶摇直上，好像无数只绿色小手，在一层薄薄的湖水下面向我张开。我弯下腰，对湖水探出脑袋。我曾经无数次靠在黄浦江的摆渡船栏杆上，望着不透明的江水，吹金属色的江风。而今天我与太湖如此接近，湖水又是这般透明——我几乎以为自己能够看到湖的最深处，那些水草出生的地方，一片雪白的、晶莹的泥土。

我把手伸到湖水里面，让水草抚过我的手。水草的叶片上，匍匐着许许多多透明的小水泡，像是鱼儿对水草说的话。与此同时，在我手指下面，小鱼悄悄地跟着暗流游了过去，没有对我说一句话。

天上布满了云朵，是同太湖一样的银灰色调，只比湖水浅淡一点——抬头望着天空的时候，就像坐在水下遥望明亮的水面。我跟随水波微微摇荡着，迎面吹来的湿滑的风，仿佛是一群白亮亮的银鱼滑过面颊。坐得久了，有点倦，我伸个懒腰，对天空伸出双手，好像一棵扶摇直上的水草……沉浸在湖水中，冲水面无穷无尽地伸出手去,一路上抽出千万根细长的水波状枝条……我通身碧绿。

小船始终在湖水中摇摇晃晃,晃得人眼皮耷拉下来。当越来越庞大的移山岛出现在眼前时,我相信船并没有动,而是岛在向我们扑面而来。

船距离码头还有几十米远,我就已经看清了码头所在的那个河湾。湾中泊着许许多多小船,有的带蓬,有的不带蓬,也有不少挂机船。多数船上都零零落落地披挂着渔网——看得出岛上的居民经常使用这些船。码头上似乎很热闹,有大人也有小孩,隐约中我还听见了一两声牛叫——后来证明是我听错了:岛上根本没有一块农田,因而牛是无论如何也不会有的。

我觉得这座岛上的空气特别透明。也许是因为它被高大的树木环绕着,而远远看去,无论植物还是房屋的色彩都极端鲜明,饱蘸了水分。柳树含情脉脉地包围着河湾,把它变作一个亲切的人间。我问:"为什么许多树都长在水里?"摇船的妇人答道:"不是长在水里。前段日子雨下得那么厉害,水漫上岸,涨得一塌糊涂,到现在还没退。"叔公在一旁说:"幸亏是树的年数长,否则都要浸死了。"今年的梅雨的确太离谱。一瞬间,我恍惚又回到了天天水及脚踝的那段日子——那时的太湖,是不是也水及脚踝呢?我想象着自己赤脚穿越太湖,水波凉丝丝地漫上来。

船靠上码头,岸上的人都看着我们。多数人认得叔公,同他打着招呼,叔公就告诉他们我是谁的外孙女、谁的女儿,于是,大家一齐"哦",同时郑重打量我一番。我妈妈是移山人,因此我也算得半个移山人,然而我长了那么大,之前对移山却一无所知。

岛上人的称呼都是"阿什么",故意不要人记住的名字。每个人的脸上,都有一种相同的东西——因为住在同样的地方、知道同样的事情、认识相同的人、过着相同的生活而共同拥有的神情。这种事在城市里是没有的,在我所到过的农村也是不大有的。孩子们挤在一处,像一株分不开的灌木。他们身材瘦小,但都有灵活有力的四肢,跑和跳的时候,像是在风里游泳。

我们笑着往岛上走,脚下踩过一块块湿漉漉的石板,渔家晒的渔网发出半透明的光,在我们身边掠过。刚开始,我们还是为了同人打招呼而笑,后来也不知道是为什么笑的,总之心里高兴。我知道住在这座移山岛上的人,多少都同我沾点亲戚关系的——一想到登上了一座人人是亲戚的岛屿,就对那些记不住的面孔产生由衷的亲切感。

慢慢地,我们离河湾越来越远,遇到的人也越来越少了,我开始认真注意起周围的景色来,心里也渐渐添上一层又一层的惊喜。我们所走的路全由石子铺就,因为走的人少,所以非常干净,并且被两边的青草不断侵蚀,变得极窄,仅容一人通过。我估计,这大概是岛上唯一的路,不管怎么走也不会遇到岔路,只能别无选择地往前走而已。路的两边就是果园——说"果园"可能不确切,因为看上去不像园子,种的也不全是果树。这里两三棵橘树,那里两三棵柿子树,林子深处又有几棵高大的杨梅树,路边不时遇到一丛丛的矮个植物,叔公告诉我这就是碧螺春茶树。果树中间,夹杂着一棵棵香樟、杨柳,白果树更多;有的地方,四五棵树环绕着一小片匍匐在地上的花朵,湿润的褐色树干衬托着白色天光照耀的花瓣,仿佛这里刚刚下过一场雨。这个岛没有一丝一毫人工雕琢的痕迹,真像一座花果山,天生地能让各种花树自由自在地长起来,长得青翠欲滴。

四周只有小虫子的吟唱声。我朝树林深处看去,发出一声声长长短短、高高低低的快活的叹息。一群树木掩映着另一群树木,墨绿色未成熟的橘子背后是青青的柿子,摇晃的枝条相互交错,往里延伸,进去,进去,到深深的暗绿色中间去。从来没有见过那么多美丽的野花,整片整片地开放在树下面,每种色彩都像湖水一般清纯——它们也正像湖水那样往果香扑鼻的树林深处潺潺流去……一波一波,没及脚踝。

这里到处是绿色,看不见一块泥土。充满生机的空气,一波一波,静静拍打着人的胸口,绿色地、清凉地、静谧地。当这么多生命和谐相处的时候,世界就安静下来。我别无选择地跟着路往前走。路边的树纷纷向我伸出手。我深深地骄傲和感动:故乡是一个真正的世外桃源。生命在这个岛上静静呼吸吐纳,节奏匀净舒缓。

走到更深一点的地方,树丛掩映中开始时时露出结满青苔的墙垣。这里的房子都相当旧了,有不少装的还是木质花格窗。为了防潮气,家家用石头在屋子下面垫起一米高的地基。许多人家还用石子堆了一道墙,拦出个院子。石缝中生着青草,墙角边结着青苔,矮矮的院墙上方冒出半截竹子。一切都与岛上安谧的气氛相映成趣。

几乎家家户户都在门口搭一个架子,有的种葡萄,有的种紫藤,最可爱的是一种北瓜。头一次看见一户人家门前的北瓜,我和严悦都大叫起来。只见一枚枚形如南瓜,大如人头的橙色果实像灯笼般挂在瓜架上,中间还夹着一串串玲珑的葡萄。我问:这种瓜能吃吗?叔公说北瓜不是种来吃的,只是刻上"恭喜发财"一类的吉利话,放着作装饰品。我跳上那户人家的台阶,站在一块大石头上,踮起脚触摸北瓜。严悦也跳上来抢着摸。这样可爱的瓜,恐怕是挂在枝头的时候最漂亮。今后我的房子假如有天井,一定种满满一架北瓜。

从这户门前结北瓜的人家往前走数十步,是一堆废墟。依稀还能看出大门和门前的石阶,屋墙则已倒塌了大半。废墟近旁生着一棵几人合抱的老榉树,树干下部已经空了,巨大的树根上结满毛茸茸的苔藓。叔公问我知不知道这里是什么地方。我当然不知道。他告诉我说,这堆废墟从前就是我外公的家,这棵老榉树,就一直长在大门口,台阶边。

台阶塌了,门前堆满砖瓦,走不进去。我踮起脚往里看,只见昔日的屋子里面,满地长着高及膝盖的野草。许多年以前,我的外公就住在这里,他后来就从这里走出来,去了上海。而许多年以后,这里已经变成一座弃宅,遍地都是野草。我站在老榉树下,老榉树不说话。它的树干已经空了,身体里能包容许许多多透明的空气;在树巅上,无数年轻的叶片静静俯视地面——生而衰老和脆弱的人们。

再往深处走,我发现岛上其实有许多弃宅,看起来弃宅甚至比有人住的房子还要多。它们的屋檐下、窗格上结满了蜘蛛网,多数门上还加了一把已锈得不像样子的挂锁。多云天气的中午,稀薄的阳光洒在空荡荡的房间里,似乎铿锵有声。

岛上交通不便，不利于个人发展，因而有办法的人都离开了。总有一天，留在岛上的老人都会死去，这里也就不再有人居住。然而，被人们腾出的地方，都会立刻被其他生命所填满。世界上除了人，还有无数静静地存在的生命，比起它们来，人实在太脆弱。不过，脆弱也未见得不是一件好事。在不说话的老樟树、不说话的移山岛、不说话的太湖面前，我已经说了那么多。它们记不住我，但我能把它们统统记住，用我脆弱的、不能长久的记忆。

不知不觉，叔公已经带着我们来到了岛另一边的河湾。这里同样有个码头，周围长着几片竹林，粗大的杨柳树可怜巴巴地站在水中。叔公说，刚才那个是东湾，现在这个是西湾，东湾比起西湾来要热闹不少。果然，这里没有别人，只停着冷冷清清的两条船——据叔公说，它们是我远房阿姨姨夫的，等一会儿他会带我去看他们。

竹林边躺着一块很大的石头，不知用什么工具把它劈作了长短两段。石头上生了薄薄一层苔藓，摸上去又潮又凉。叔公看见我抚弄这块石头，就走过来跟我说了它的来历——还是一个很有趣的民间传说。

相传移山岛原本是连着西山的，长久以来非常贫穷。有一天夜里，一只通灵的大龟游到移山下面，驮起它就离开了西山，慢慢地向湖中游去。刚开始，谁也没有发觉。后来，岛上有个怀孕的年轻妇女突然发现脚下的陆地脱离了西山，正往西山的反方向走。她不由大为惊骇，叫道：不好，我们怎么在移动呀？她这一叫，大龟立刻停在原地(也就是现在移山所在的地方)，再也没有动过。移山由此得名,所谓"移山",所指就是移动的山。大龟停下之后,爬上岸,变成一只石龟——也就是我现在看见的这块石头。据说,大龟的头冲着西山,尾巴冲着岛内,意思是吃西山的东西,再来拉在移山岛。于是从此以后,像奇迹一般,移山渐渐兴旺起来,而西山却衰落了。西山人得知其中奥妙之后,特意挑一个月黑风高的夜晚,悄悄来到移山岛,敲下了石龟的头!据说从此以后,移山也就慢慢衰落下去。

这只大龟的头尾已在三十年前被砍断,如今变成一块圆圆的大石。叔公说,他小的时候,还常常和小伙伴一起坐在龟背上玩。

顺着码头往前走,一直走到水边。透过清洌的湖水,我惊异地发现好几十尾窄长的小鱼正穿梭在浅水中,那水的清澈、鱼的轻灵,令我想起了柳宗元的《小石潭记》中"皆若空游无所依"的鱼儿们。这地方真是又冷僻,又清纯。我一高兴,就脱了鞋袜坐到了水边。鱼儿大概从没有被人抓过,对我一点也不害怕,在我脚边绕来绕去,一副兴高采烈的样子。我伸手去探,却怎么也抓不住它们。

码头上设着水桥,石条一直延伸到水中。我把脚放在水里的石阶上,感到石阶穿着苔藓的外衣,滑腻腻的,如鱼儿的身体般凉。我含情脉脉地注视着小鱼们——这一刻,它们与我无比亲近。

湿滑的风一波一波拂过面颊。那些比较远的水面上,稀薄的浮萍跟随风一波一波愁惨惨地笑着——不是浮萍有心事,是它们生就一张愁惨惨的脸容。竹林和杨柳的外面,是一大片芦苇,上半截绿,下半截黄,摇摆起来一波一波,没有什么话要说。一波一波,水波终于荡漾了过来,靠在码头上。鱼儿依旧理直气壮地穿梭在我脚边——因为它们的存在,水更显得清澈。纯情的水和风,一波一波地抚摸着我。我不舍得把脚撤开,也没有什么话要说。这一刻,移山岛与我无比亲近,太湖与我无比亲近。一波一波,那些无关紧要的梦想像水泡溶解在水波中。心安静下来,变得很新鲜,一无所有。

离开码头,叔公引我朝岛屿的高处走去。

如果说岛的外围还存有一条容得一人的窄长小路的话,那么岛的高处和深处就真的没有任何路了。越往上走,所见就全是绿色植物,到后来根本是依靠双手拨开合在一处的枝条,才找得到落脚的地方。难为叔公,居然能够记得路——哪里有什么路呢?不一会儿,草上的露水就沾湿了我们的鞋子。头顶上传来动人的鸟鸣。

外公外婆以及其他几位老长辈的墓坐落在岛屿高处,一片绿意盎然之中,我们手脚并用地走了近二十分钟才到。墓碑四周已经长出许多野草。只可惜我们没有带着打扫的工具,无法清理。这里的地势,是背靠着山,面对着太湖,近旁还有两棵巨大的杨梅树,并且地处僻静,的确是一个休息的好地方。地面潮湿,无处跪拜,我只得在墓前鞠了几个躬。

外公去世至今已经好几年了。对我们在世的小辈来说,这几年过得倒也飞快。

从前每个周末,我们一家三口都会去看望外公,他去世之后,我们不知不觉也就习惯了没有他的日子。外公年轻时到上海学徒,后来把一家人都带到了上海;外婆在我妈妈十二三岁时就患病去世了,外公后来也再娶过,最后还是他最长寿,活到84岁。外公是一个很平凡的人,像大多数人一样平静地走完一生,去世时没有什么痛苦,去世后回到故乡,也有小辈来探望和缅怀。外公应当很欣慰吧?

告别了外公外婆和其他长辈们休息的地方,我们又手脚并用朝山下走去。半路上我差点滑了一跤。手脚都湿湿的,四周的绿色也是湿湿的,头顶上,鸟儿湿濡濡地唱着。

下得山来,叔公带我去远房姨夫阿姨的家。一路上,他告诉我,移山岛上的本土居民,原本都是不懂得种果树,更不懂得捕鱼的,通常是出去跑生意,靠运输为业。种果树的技术是合作社时学到的。而捕鱼这门手艺,则是在一帮外乡的渔家姑娘嫁到岛上之后,才传授给移山人,到今天,移山人人都会捕鱼了。

姨夫阿姨家门口搭着葡萄架,他俩正坐在架下整理渔网。看见我们来了,阿姨赶忙摘下许多葡萄,催我们吃。看得出来,他们的生活清苦,两人虽然年纪比我父母小,外表却比我父母要老。简陋的平房空空荡荡,没有放置几件家具。姨夫戴着眼镜,给人斯文的感觉。他沏出碧螺春,请我们喝。

我同他们聊了一会儿,发现岛上的生活的确困顿。年轻人都走了,留下老人在这里。打鱼种果,都赚不了多少钱。今年梅雨季节太长,葡萄长得不好,其他果子也不怎么样。加之岛上虽说长着不少果树,却缺少好的品种,连年劳作,收到的果子也不值多少钱。

后来,我在厨房里发现了一个奇怪的玻璃瓶子,里面装着黄色液体,中间戳出一根管子。我问阿姨这是什么,她竟告诉我是煤油灯。我记得在电视连续剧里看到的煤油灯都有个灯罩,样子很古朴,而手里这个却半点也不像。阿姨说:"你不懂了吧?这是中国人传统的煤油灯。还有一种,叫作洋油灯,是外国人发明的东西。"仔细看看,这个灯的原理倒的确同洋油灯一样,很像洋油灯的精简装备。

我问阿姨,这里是不是经常断电,所以要备这么一个灯。谁知她回答说,这里根本就没有通电。我简直不敢相信自己的耳朵。如果在西北苦寒之地,或是在大山深处的小村寨里,谁来告诉我这句话,那么我会相信;可是,在滋润富庶的江南鱼米之乡,难道还有不用电的地方吗?姨夫告诉我,通电到岛上用的是光纤电缆,不仅通的时候价格高,并且电费比普通用户要高出很多,何况岛上人丁稀少,因此只在过年的几天里通几小时的电,其余时间是没有电的。

我坐在葡萄架下,看姨夫整理渔网。在他身后,躺着一艘公园里用的彩色水泥小艇,做成一只鸳鸯的样子。姨夫说,这是在太湖里捡到的。他打算开春有空的时候,拿它去载载游人,做点生意,多少可以赚些钱。

姨夫家近旁,还有几户人家,石子的小路依旧往里延伸进去。墙边堆着一垛一垛柴火——不同于江南的大部分农村,这里的柴火不用稻草和花萁柴,而是真正的树枝,上山打来的。橘树、美人蕉,株株相似株株不同的植物,以每户人家的门前为起点,铺天盖地地蔓延开来。在单元楼的天井里种花草,总是种得不死不活,而这里家家户户门前的果树、花草都长得那么激动人心——可见地气是很重要的。移山岛给予植物无穷的生命力，让它们繁衍，却无法给岛上的人们富庶的生活。绿意静静弥散在空气里，滋养着这座美丽的岛。在不为人察觉的一波一波微风中，万物在生长。

姨夫开船送我们回到东山。当移山岛渐渐变小的时候，我又一次以为是它在向后退去——那么有生命力的一座岛。我说，我真喜欢这里，我还要来的。姨夫说，你来呀，秋天橘子熟的时候来，好看得很。

我望着从水底扶摇直上的水草——我们已经很熟悉了。它们的手依依不舍，缠住了姨夫挂机船的马达。他停了船，拿着根桨去清理缠在马达上的水草们。四周又是一片舒适的静谧。我遥望好像一块斑点的移山岛，说：我还要来的。我将来有钱的时候，就到岛上来造房子，每年来这里度假。叔公笑起来，说：不要乱想。太湖上强盗还是多得很。

我大吃一惊。（今天让我大吃一惊的事情可真是数不胜数。）船再次发动起来的时候，水草的手在水下舒缓地招了起来。我依旧无法摆脱拥有一座自己的岛屿的痴心妄想。低头看看水下：那里有一个非常光亮透明的世界，无数鱼儿在排演盛大的合唱，无数水草在起劲地鼓掌，为我的痴心妄想庆祝。

移山岛悠悠向后退去。

在南浔

离开东山之前,我给上海的朋友挂了一个电话。她在那头大喊大叫:啊,你回来了吗?我说:没有。我在东山。她说:哦。她没有问我东山是哪里,虽然我打赌她一定不会知道。她埋怨道:你为什么在明信片上写我的绰号呢?现在整幢大楼里的人都知道了,连大楼管理员也知道了。

下面的旅途没有了薛伯伯和他的船,令我们十分愁苦。出发之前的计划很圆满:我们将由运河进入太湖,然后横穿太湖到达湖州,再通过狭窄的内河河道回到商榻。谁知先是给警察叔叔拦了下来,不得不仓皇逃命,再是听说这种小型挂机船要想横穿太湖,实在有点跟性命开玩笑——看来我的计划带着先天的缺陷。沮丧之余,我不由又有些侥幸:像这样的计划,居然阴差阳错地让我付诸实施。我且错误百出地走下去看看,究竟会发生什么呢?

然而跑了这么些天,我心里有点累了。夜里,我研究着地图:太湖底下,往南一个手指头那么点距离,有一个圆圈,圆圈中央一个蓝点,看上去像鱼儿忧郁的眼睛,又看又不那么愿意看地对着我;圆圈上面,黑体字写着"湖州市",三条粉红色曲曲弯弯的国道从东西南三面朝它涌过去。这就是湖州了,从前它是内河航运重要的一站。我本想到那里去寻找昔日内河客运的影子——现在看来，曾经十分风光的小火轮已经走得太远，即便影子再长也留不下来了。我空自幻想着人来人往的码头，幻想售票处挂的一块块掉漆的小黑板，擦不去的粉笔印子一层叠着一层，写着几月几日，几点，哪里，几月几日，几点，哪里。而我现在只好看看地图，看上面密密麻麻的名字：塘南，双林，含山，云会，妙西，洛舍，筏头，长乐，潘板桥……它们之间都有河道连接着，地图上看起来是那么细，就像不小心掉下的头发丝，手轻轻一拂，就消失了。

我决定放弃湖州这一站，直接去南浔。

我们想办法在东山租到一艘快艇，这样就终于可以称心如意地穿过太湖到达南浔了。出发的时间是正午，虽说上午在启园的时候承蒙天公下了一场大雨，这时却重新赤日炎炎起来。船主正在给船加油，我和严悦站在岸上的树荫里，目光越过他的头看着亮闪闪的湖面和天空，不由有点为接下去的一个多小时的曝晒担忧起来。

不过，当船真的冲入一无遮拦的宽阔湖面时，我们发现阳光倒并不像看到的那么可怕。并且，进入了一路上向往的太湖，我心满意足。想起上午在启园的时候，湖面上许多做游客生意的船家冲我们嚷嚷着，要带我们到湖面上转一圈，可是我看到他们仅仅把船开到离岸一百米的地方，就不再往前开了。而我们此刻是真正地在太湖中央啊。

太湖不像我所想的那么宽阔，大片大片的湖面上漂流着致密宛如陆地的水草。快艇孤独地航行着，不时斜斜打个弯，掀起一大蓬水花。离开东山的河岸不久，有两艘挂机船肩并肩与我们的快艇擦身而过。看起来它们不过是公园里供游客娱乐的那类小木船,仅在船尾装了个拖拉机引擎,就算改装成了挂机船。滑稽的是,在如此狭小的两艘船上究竟坐着多少乘客,你无论如何也料想不到——照我从前的经验,这种小木船坐四个人也拥挤得很了,而眼前我们看到,二十几个妇人挨在一块儿,有的撑伞,有的戴着草帽,层层叠叠,不少人甚至十分周到地在屁股下面垫上了一个枕头——她们不住地叽叽喳喳,景象之热烈,实在少见,比较起来,我们的快艇是多么冷清啊!虽说擦身而过只是一刹那间,但我已经喜欢上了这一群吵闹的妇人,很遗憾自己没有机会加入她们中间去。我刚扭头冲她们举起照相机,突然被坐在船尾的一个妇人发现了——她立刻指着我大嚷起来,于是其他人也转过身来,开始大笑大嚷,一刹那欢声雷动,要不是快艇已经走远,她们大概要跳过来了。

萍水相逢。我们不知道她们要去哪里做什么,她们也一样。然而我们在水面上一起感受到了像夏天的阳光般火热的欢乐气氛。至今我回想起她们当时在那么狭小的空间里大声吵闹,还是感到亲切——她们是一群十分投机的朋友,就像我和严悦。到了不惑之年的人,还能挤挤挨挨在一块儿吵闹,真是可爱。

快艇比薛伯伯的挂机船要快得多。湖面上拦阻鱼儿的竹竿上挂着网,像坐车时路边的行道树那样,一根根往后躲过去了。然而前面还有,还有,还有,或宽或窄,打个弯,也还是有。它们切割着太湖的水面,一直往前,延伸到我所不知道的地方。我们在快艇里,急匆匆地把一平方米一平方米水面抛到脑后——后面的地方我不知道,前面的地方我也不知道,除去此时此刻正在经过的地方，其他地方我一概不知道。我航行在一个自己所不知道的地方，突然疑惑这是为了什么——就像一条鱼，每年木头木脑地跟随潮汛颠沛流离，有一天突然搞不清：潮汛究竟是真实的，还是只流动在心里？不管怎样，迎面吹来的风像湖水一般清澈——从不知道的地方来，吹到不知道的地方去。前面和后面不能知道也无从记住的地方，有再优美也必然忘记的风景——这就好比太湖本身：任何一杯湖水都没有什么好看的，好看的是整个湖，是你航行在湖上的光景。

江南也一样。不管是周庄还是同里还是东山，都不是江南。这些地方必须在一起，为了某种无法解释的联系。后面的地方我不知道，前面的地方我也不知道，但我正置身江南。我为什么要知道这些无关紧要的东西呢？我明明正置身于其中。江南就是所有这些我们所不知道也无从记住的地方，就是我们一边走过，一边忘记，一边仍旧置身其中、永远置身其中的地方。

地图上无数头发丝般柔细的水道，我们正航行在其中的某一条上——我们又怎么能知道呢？可是我抬头望着前方：银灰色没完没了的湖水，远远接着安静的天空，于是我就轻而易举地相信：江南就是风正迎面吹来的此时此刻。

我们最终由太湖重新归入了细窄绵长的内河河道。又是几天以来熟悉的景色。在水面之上约莫一人高的河岸上望见大片大片不间断的桑树时，我相信我们进入了南浔。

刚开始，我一直忙着仰望岸边的桑树，不曾留意船主减慢了快艇的速度。到后来，他开始向泊在河边的船民打听到南浔的路，我才算发现他有点迷路了。我问他是不是没有到过南浔，他说到过一次,路可记不得了。我就任由他开一段,问一段,并不着急。反正我们并不赶时间,开多久都没有关系。趁着他东问西问的当儿,我看见渔民站在船头,摇摇晃晃地收一幅长长的网——他的脚底下已经积了一大堆网子,却依旧在没完没了地往上拉,看样子也不像立刻就会拉光的样子,看得我不由心焦。我还看见僻静的水桥下面,两个小男孩光着黝黑的身子在洗澡,他们的妈妈站在水里洗衣服,肥皂和脸盆一溜排在水桥上,仿佛每家每户的浴室里那种光景;岸边一幢破旧的仓库式房子,屋顶陷了下去,墙上用红漆写着"安青竹行"四个大字。

然而错综的水道的确令我们混乱。开过一段船只比较多的水道,转眼我们又到了野外,整片水面因为只有我们而显得十分宽阔。船主每遇到一艘船就会靠上去询问南浔怎么走,叫人迷惑的是每个人的说法都不一样,有的甚至背道而驰。我们发现自己一会儿在像瓶颈般狭窄的水道里,一会儿在宽阔得叫人几乎错觉回到了太湖的水面上,一会儿却又撞上个数不清究竟有多少分岔的岔道口。柳暗花明地转了一阵,船主也渐渐晕头转向起来。当我们按着各种人的解释走,最终遇到一片无边无垠的水草时,绝望之余也不知道究竟应当怀疑刚才那许多人中的哪一个——可是我们最后一个请教的人却还在身后大声吆喝:往前!往前!……前!前!

船主、严悦和我,三个人愁苦地眺望着绿油油的水草。难道这延伸至天边的水草那头,真的就是南浔吗?正在迟疑中间,那个在身后大呼"往前"的人居然按捺不住,把船开了过来,甩着手叫:喂,往前走呀!嗳,是的呀,前头前头!就到了呀!我们望着他，又望望水草，想，既然他如此肯定，那我们就冒险走一走吧，即使走不到南浔，也算没有辜负了他的一番好意。

快艇行驶在铺满水草的水面上，就像马儿奔驰在无边无际的大草原。船主不时熄了引擎，清除掉纠结在发动机上面的水草。看上去这些就是通常所说的"猪草"，专门给猪喂食用的，长得极其肥厚，肩并肩铺排成一大片，看起来着实可爱。我极目远眺，希望看见水草的尽头网子是什么，可惜落败。

南浔，你到底在哪里？

没想到，走完那片我们曾经都绝望地以为再也走不完的水草群落之后，快艇又开了不长的一段路，船主就长长地松了一口气，说："南浔。"

靠着一打七嘴八舌的指点，我们居然没头没脑地到了南浔。不幸的是，在他说出"南浔"二字的刹那，水面突然出现了几个小圆圈，慢慢向外扩散，接着小圆圈越来越多，我们都开始感觉到：下雨了。

不远处有座公路桥。船主提议把快艇开到桥下面去躲躲雨，等雨停了，再找地方放我们上岸。在我们到了桥下之后，紧跟着又有好几艘船躲了进来。桥外面，雨越下越大，水面上发出"哗啦啦"的声响，而桥上时有汽车开过，我们头顶一片轰鸣。

桥下面光线很阴暗，刚进去的时候，水面与水面以上的空气连成了混沌一片，我什么也看不清。过了一会儿，眼睛适应这种光线后，我开始四处张望——开始只是打量同我们一样歇在桥下的船只，后来，我惊讶地发现，原来桥下面住着人。

这算得上一座不小的桥，两岸浇了水泥地基，筑着桥墩。地基与桥体之间有一块空间,低矮得容不下一个人站直。不可思议的是,在这样低矮的空间里,两岸都住着人家。我们停靠的这一边比较宽敞,只躺着个赤膊汉子,正一味呼呼大睡。在他头发乱长的脑袋后面搭了一座小棚,然而他并不去躺在棚里面。河对岸那一边,看起来住着一家四五口比较庞大的家庭,因而显得拥挤。有个头戴粉色蝴蝶结的瘦小女孩正在有限的空间里七绕八绕地蹦蹦跳跳,(也只有她能跳,其他任何人恐怕站直就得碰痛头。)又有个老太太席地而坐,两脚叉开,一边拣菜,一边抬起灰亮的眼珠瞪我们。我再把眼光转回到这一边的时候,发现那个汉子也醒了,伸手在身上抓来抓去,斜睨着我。

不一会儿,雨小了。船主把快艇开出了桥,上岸问路——假如离镇不远的话,我们可以就地下船。他上岸的时候,我注意到岸边竖着块水泥牌,看来年纪不小了,牌上写着:

南浔—东迁 6 KM

—上海 149 KM。

原来我们现在离上海有 149 公里。就是 149000 米。就是一百八十六又四分之一个 800 米。而我们每个学期上体育课,平均要跑三到四个 800 米。这样一想,我就知道我们现在离上海有多远了。假如我们马上跳上一辆车窗上贴块硬纸版,上书"上海"二字的大客车,那么不用几个小时就回到了家。可是现在还不行。时候还没到。我们必须一小段一小段地缩小这段距离。所以,对我们来说,上海与我们的距离不是 149 公里,而是走完这段距离的几天。不过,看见了一个明确的数字,我还是很欣慰。抽象的概念过去从没令我如此欢欣鼓舞过。现在我知道,我和我的床相距149公里——既然有一个数字，我就有可能不断地做减法，一直减到伟大的零，甚至继续减至负值。要知道，我和严悦都以走路有耐力而闻名。

蒙蒙细雨中我凝视好心的水泥牌，幻想不久的将来，149 KM变成了−∞。我心花怒放。不管是谁，不管他的家在哪里——即便在桥下面，在人们的脚下，看不见、想不到的地方——有家就好。见到你很荣幸，水泥牌。

船主打听完路回来，指点我们说，走过前面的一座天桥，就到南浔镇了。于是我们背起旅行包裹与他告别，也与桥底下的住家和岸上的水泥路牌告别。

天桥的楼梯走到一半的时候，我们遇到一个三轮车夫。真不明白他为什么把车停在这种地方——上下不是很麻烦吗？我们本想要他带我们进镇去找一家合适的旅馆，可是看他的车太狭小，坐两个人似乎十分拥挤，就想重新找辆车。谁知四周一下子看不见别的车夫，他又一个劲地拉住我们，到底只好坐了上去。我们一人背着一个硕大无朋的包，坐在车上很不自在。严悦的包卸下背上尤其麻烦，所以她没有把包放在腿上，而是自始至终地背着——这样一来，简直就成了包坐在座位上，而她基本悬空。到最后，她实在支持不住了，只得伸出手臂，抓着车篷上方的一根铁杆子，才不至于掉下去。这段路对她来说，真是充满艰难险阻，她绷着两条细手臂，就像始终在练习单杠一样。我看她的模样，知道她很辛苦，可是又忍不住要笑出来。她在一边，整个人挂着，细声细气地恳求道："啊呀，你快点别笑了。你再笑，我也要笑出来，就没有力气啦。"

那个车夫带我们穿过好几条马路，到了镇上的一个皮货市场后头，帮助我们找到了看来很合适的旅馆。安顿好之后，他就带我们去著名的嘉业藏书楼。这回没有包裹，严悦终于可以让她的胳膊休息一下了。

三轮车停在藏书楼门前的时候，天又开始飘雨。车夫匆匆忙忙地走了，留下我们站在原处。到售票处去，只见四方的窗口有两张脸——都是工作闲散、没有压力的妈妈辈和善的面孔。她们详尽告诉我，现在我还有一个半小时可以游览联票上所有的景点，时间很紧，不过假如只游览主要的三个景点，应当完全够了。我问她们是否有散票，答说有，不过两张散票的价格就相当于整张联票。于是我们依旧买联票，不管怎样，因为没有被强迫，心理上比较好受。

嘉业藏书楼是江南除天一阁之外又一所著名的藏书楼，由当地巨富刘承干建造，落成于1924年。我们在细密的雨中跨进大门，一下子就被笼罩在了一种干净的氛围中。这是一个正方形天井，地上铺着光洁的方砖，寸草不生，夏天晾晒图书，当是非常合适的场所。天井三面是两层的深色砖木结构楼房，里面满排书架。我们绕着天井走了一圈，隔着铁栏杆闻里面年深月久的一股幽暗的、甜丝丝的霉味。像几乎所有中式建筑一样，房间很暗；一排排木书架切割着深棕色的空气，投下直影子，在墙脚弯一弯，往上去了一个角。不管怎么说，这种气氛总让我有点不舒服。

但是那个正方形的天井，真叫我说不出的喜欢。雨落在四方的地上，不一会儿砖头就发出了凉丝丝的光。正厅前摆着两盆大铁树,淋过雨后水灵灵的,绿得更显自然。这里非常明净,头顶上四方的亮白天空就像光滑地面的倒影——没有任何多余的东西,一切都很诚实。后来我们到楼南面的小花园走了一圈,得到的也是同样的感受。极其清明的读书氛围。一个人在这里可以轻易地沉寂下来,沉寂到纹理细腻的书页中去。

除了我们没有一个人,四周静谧,连雨声也被地面吸去了——简直要叫我们错觉这里是属于自己的。天井里非常明亮,但是不给人光明的感觉,而仅仅是一种能叫人的灵魂牢牢驻留在此世的明亮。在这里一个人绝对不会去憧憬来生,或者假想前世,或者把心放到一个拖着躯壳就不可能到达的精神世界;他会非常实际,非常严谨,他将考虑一些经世致用的问题,是那些认认真真身体力行就有可能办到的事。

藏书楼贴邻,就是刘氏的故居小莲庄,建于藏书楼之前,是个规模算不上很大的私家园林,但自有布局上的别致之处。

从小到大,我见过的中式园林并不少,没有哪一个能唤起我特殊的共鸣。而我将永远记得那个时雨时晴的下午,我和严悦在小莲庄绕来绕去,一种柔软的惊喜在心里不断滋长。我对园林建筑没有任何研究,完全是凭自己的感觉。不能说这里有什么极其惊人,或者极其精致、极其富丽的东西,可贵的是整座园林蕴含着一种可爱的气氛,从建筑到园艺,每个细节都具有统一的气质——有理由相信是出于主人长久的熏陶。说起来也不过是亭台水榭,几座小桥,几条小路,然而就是那么与众不同。它们在一起诉说着它们的疏朗、清秀,用它们独特的语言。

我想象着这里的主人。一定是一个非常爱家、爱待在家里的人。一般说来，盖房子是每个传统中国人与生俱来的任务，一个人爱他的房子往往会有许多复杂的原因，比方爱家庭、爱财产、爱名誉，等等；小莲庄的主人可能无比热爱在自己盖的房子里的这种生活，十分热衷这种生活。他让家里的一砖一瓦、一草一木都浸透了他的气息。

我一直在想象这里的主人。他能够从这种耐心经营的活动中获得无穷乐趣，并且把一切都做得丝丝入扣——他该有多么真诚地迷恋和执着于自己的家啊。而陶冶出这样一个清秀疏朗的地方的人，他本身又该有多么风雅呢？想起来简直连大气也不敢出一口。我经过一棵又一棵依依杨柳，难以克制没完没了的臆想，几乎有点爱上了他。

不幸的事情发生在我们准备出小莲庄的时候。严悦举起照相机，对着我连摁几下快门，随后露出脸，说："不动。"再试一次，还是不动。在你来我来地尝试了半天之后，我们沮丧地断定：照相机在跟随我们连续拍摄八卷胶卷之后，终于宣告瘫痪。

出了小莲庄，我们沿一条窄长的石子路往前走。照相机静静挂在严悦脖子上，可惜已经成为摆设。

走了不到五分钟，左手路边出现了一扇门——张石铭旧宅。

我并不了解张石铭是什么人。而且，当我跨入宅门，越过精巧得仿佛缩微景观的前院，看见几幢带着高大百格窗的中式旧宅时，脊背又一阵阵发起冷来。

院子尽头是个厅堂，现在已经被改造成茶室，中间摆了几张破旧的八仙桌，一旁横着个玻璃柜台，几个既像又有点不像工作人员的男女歪歪斜斜坐在墙角，有一搭没一搭地聊天。临近下班，已经没有什么游客。当我们走进去时，他们像遇到不速之客般地瞪着我们。我扭头，看见通往内室的阴暗走廊，连脚步都有点迈不开，赶忙抓住了严悦的手。

还是那些老花样。我暗暗地想，这种地方真不能过日子。我一边紧抓住严悦的手，从一个房间走到另一个房间，一边不住祈祷赶快结束游览。我对这些老房子的气氛越来越敏感了，它们就像毛毛虫般叫我毛骨悚然。而严悦却在一边说："嘿嘿，你又怕啦？我要大变活人了。"我赶忙说："你别开这种玩笑！"说着更紧地攥着她的手，生怕她一下子变没了。

因为心里慌张，所以就像在迷宫里。不知怎么会走到了那个令人叫绝的跳舞厅。

真的不大清楚那西式跳舞厅究竟在宅子的哪个部位。总之它像一串鼓点，滴溜溜地蹦到了我们面前。跳舞厅不大，带一个小天井，是那种中国化的洋派住宅的配置。厅里站着朴素的绿色细柱子，铺紫褐色花式方块地砖，天花板上有精美却不张扬的水晶吊灯，墙上嵌了小壁炉——到处充满小心翼翼的满足和优裕气。

我和严悦一起蹦了起来：这可是个奇迹！从外面看，谁能想到，在道地的中式建筑里面，严严实实地藏了这么个西式跳舞厅呢？这就像蛋黄藏在蛋清里面。我们兴奋地在厅里走来走去，一会儿又站到通向天井的台阶上。跳舞厅现在是空荡荡的，充满脚步失落的回声，但我们可以幻想：这里摆上暗绿色丝绒沙发，那里放几张金漆靠背椅……侍者站在门边，手举托盘，昏昏欲睡，华服的宾客们或者交谈，或者起舞，留声机里传出夹带沙沙声的 One day when we were young……

太阳刚刚开始西斜,阳光恋恋地抚摸着空寂的跳舞厅,把它变成一个圆润、光洁、羞答答的鸡蛋黄。这种跳舞厅里金黄色的阳光,恍惚间唤起了远处、巷子尽头时断时续的乐曲,温热的,起伏的,仿佛情人毛茸茸的胸膛。跳舞厅渐渐暗了下来,可是暗下来之后不会有爱情故事,它不免有些黯然。傍晚的阳光却依旧金黄色、温热、起伏、毛茸茸,像遥远的乐声,像贴近的情人的胸膛。

走出张石铭故居,我们决定顺老街一直走下去,看看能走到哪里。才走了没有几步,就遇到一座石拱桥,桥边有个慈眉善目的老奶奶,摆起摊头在做油炸臭豆腐。正是下班时候,她的生意看来十分可喜。我们这天中午本来就没好好吃饭,这会儿看见钟爱的一块块金黄色油炸臭豆腐,意志立刻宣告崩溃,跑去买了许多。严悦说:"走着吃吗?"我环顾四周,想找个坐的地方,吃得舒服,顺便也休息一下。然而没有任何可坐的地方——看来只有边走边吃了。我们走上桥去,到拱桥的最高处时,我突然坐在了石质桥栏上。严悦见状,立刻挨着我坐下了。

之前我们倒是从没想到要坐在这人来人往的桥上。然而一旦坐下,就发现此处甚好,不愿挪动了。就这样,我们坐在桥栏上大吃起油炸臭豆腐来。

我对严悦说:"你知道吗?我有一种毛病,就是一吃臭豆腐就会很兴奋、很满足,开心得不得了。"严悦刚被烫了一下,伸出舌尖去奋力接住清凉的微风,片刻,说:"嗯,有点看出来。"接下去我对她说了一大通如何如何满足的话。当时我们坐在桥上,不顾体统,像两只野猫般地狂吃,前后左右的灰绿色水乡风光罩着我们,给我们一种潜移默化的神奇影响。我们腹中温暖,神清气爽,放肆地伸直两腿,伸直四肢百节,感到一种有生以来从没感到过的自由自在。如此庞大,大到漫无边际的自由自在,使我们几乎失控,要么腾空飞起,要么坠下河去。

于是我们迷狂起来,开始说些醉醺醺的话。我说,将来会有一天,我们都成了历史上了不起的大名人,就会有许多考证狂去翻查史料,揣测我们都做过些什么值得赞叹、值得效法的事情。最后他们会发现,在1999年的夏天,有一个下午,我们曾经坐在这座桥上大吃油炸臭豆腐。那么,人们会做什么呢?他们会意识到,这是一个开辟旅游景点的大好机会。很快,这条河的两边就会摆满了油炸臭豆腐的摊头,带着遮阳伞和塑料桌椅——像周庄的河边那样。在这座历史悠久的石拱桥前面,将竖起一块木牌,上面的内容包括我们当年如何买臭豆腐、买了几块、如何坐到桥上、如何吃、其间桥上走过多少人,以及对我们谈话和心理活动的翔实记载。牌子的后面坐着个售票员,每位游客只须交纳五元钱,就可到桥上吃油炸臭豆腐,以亲身体验我俩当年的感受,并可照相留念。相片还可根据需要加工成文化衫、钥匙扣、粘纸、明信片、剪纸工艺,等等,等等。另外,凭借此张价值五元的票子,游客可享受购买南浔特产油炸臭豆腐的八折优惠。

我们一边说,一边笑,也不知道笑的是谁。严悦一会儿说:是的,是的,好的,好的。一会儿说:傻人。神经病。我越说越起劲,再也收不住。

当我们终于安静下来的时候,突然发现饱含油烟和米饭香气的傍晚正从沿河每户人家敞开的门口汩汩流出。我们坐着看了一会儿,心头很慢很慢地涌起一阵疲惫和伤感,就像点燃了潮湿的柴火,虽然软弱无力,但烟雾却会没完没了地冒出来,没完没了。

江南之行以后,过了几个月,有一天我和严悦谈起这次旅行,一说就说到了我们都爱不释手的南浔。严悦往椅背上一靠,伸直双手拍着腿,仰头对牢天花板大声叹息,说:"哎——呀!真是想念那次坐在桥上吃臭豆腐干啊!那种感觉噢……怎么会有那么灵的感觉的啦!"我笑起来说是的是的,又说:"你知道吗?南浔是一个值得纪念的地方。"她坐直问:"为什么?"我说:"就是在南浔,你知道自己被大学录取了呀。"她呆了一会儿,起初张大的嘴缓缓合上,然后说:"哦,是的是的——嗳,是的喏!"

是的,在南浔严悦放下了一件耿耿于怀的心事。那天离开那座吃臭豆腐干的桥之后,我们继续往老街的深处走,所遇见的全部是普通民居,路边每隔几十米就会闪出一家小杂货店,每个杂货店柜台上都坐着一个公用电话。于是严悦每走几十米就会说:咦,这里怎么会有那么多公用电话?最后她就忍不住跑到其中的一家,拨通了在上海的高中同学的电话,说了几分钟话。放下电话,她表情木肤肤的,跟着我继续往前走去。不一会儿,她在我身边鬼鬼祟祟地说:"我告诉你一件事,你不要告诉别人。"我说:"什么?"她还是木肤肤的,说:"华师大录取我了。"我说:"真的啊。"我觉得应当表示祝贺地笑出来,但是看到她一副云里雾里的模样,发觉四周没有一种欢笑的气氛——高三已经读得她有点傻头傻脑了。我们往前走去,我想,现在好了,她可以脱离苦海了。眼前的景色很值得我们高兴。

那天下午，知道严悦被录取的消息之后，我们开始吃冰淇淋。巧合的是每次我们吃完一个，就会立刻遇见另一家卖冰淇淋的商店——于是我们一个接一个地吃，像中了魔法一样，停不下来，一直吃到胃里隐隐作痛。我们从老街走到大马路上，从河边走到没有河的地方，一路坚定不移地吃冰淇淋。

南浔的马路又宽阔又平坦，路边的商店家家有公用电话。城市建设得很好，人却不多，住住一定很舒服。我们走在因为行人稀少而显得特别宽的人行道上，眼里看不到一个熟人。时间其实已经不早，虽说我们找不到回旅馆的路，但并不感到惊慌或者焦急。

我们往前走，一直走。我大声唱起歌来，严悦在一边很开心地笑。

天看上去又快下雨了。我们停在一个非常大的十字路口。那里竖着一个画了地图的大牌子。我们站在牌子面前，站了很久。我说："你看得懂吗？"严悦摇头。我说："我也看不懂。"我们都是搞不清东南西北的傻瓜，竟然会迷失在地图前——为此我们大笑起来。

所幸最后我们遇到了刚才带我们去找旅馆的那个三轮车夫。他瞪大眼睛说："你们还没回旅馆吗？"我说："你能告诉我们旅馆在哪里吗？"他往后一指，说："那条路进去。"原来我们糊里糊涂中已经来到了旅馆的门口。

刚刚走进房间，雨就落了下来，越来越大。我们坐在床上，看着窗外银灰色的潮湿天空，慢慢开始变得很懒惰。这天晚上我们没有出去，看着电视糊里糊涂地嚼了几块饼干。雨不停地下，水居然从盥洗室的下水道口汩汩地冒出来,散发出一股臭气,片刻之后,水又像一个走错房间的妖怪那样全部退去,退得一滴也不剩。

我们洗了澡,被水烫得哇哇大叫。洗过的衣服没有地方晾,我们只好在门钮和倒置的椅子的腿之间拉起绳子。最可怕的是,在九点多钟的时候,两个警察风风火火地闯进房来,说:"查房!你们是干什么的?"我很凶地顶了一句:"我们住在这里呀。"店主走进来,笑眯眯地说:"你们运气真好。今年这还是第一次查房。"

第二天是我的生日。一早我们一身臭汗地醒过来,发现店主居然在半夜私自关掉了空调。躺在床上,严悦突然说:"嗳,你有没有发现,昨天是13号,黑色星期五?"我一愣——真是这样。我笑道:"难怪照相机会莫名其妙地坏掉。有道理。"

我们下楼去,在不远处发现了一个卖上海南翔小笼的狭窄店堂,不由倍感亲切。在那里吃早饭的时候,我们注意到当地人的小笼新吃法:蘸辣酱就肉骨头汤。

吃过早饭,我们离开旅店,去找318国道拦公共汽车——下一站是平望。

根据交通警的指点,我们走过一座很长很长的旱桥,心里没有底,不知道桥的前面究竟是不是我们要去的318国道。巨大的车子拖着长身体从我们身边咆哮着开过去,掀起大片尘土。

今天是我的生日。我背着又大又沉的包,在八点钟就灼热起来的阳光下,迷迷糊糊地走在一个烟尘弥漫的陌生城市。我又热又脏又累,走着怎么走也走不完的旱桥,想:我要去318国道。我要去平望。我要去许许多多的地方。

在平望

巴士一直在318国道上面开,开到平望依旧在318国道上。南浔到平望,23公里。平望到上海,107公里。

在平望看到的第一样东西是马路边上一幅又高又大的灯箱画,上面印着怎么也难以叫人记住的城镇景色,写着欢迎来平望之类的话。汽车站显然新造好不久,里面空荡荡,连售票的窗口也没有卖票员。我们商量下来,打算用一个上午的时间在平望转一圈,下午就去黎里。

然而平望着实令我们失望。看得出来这是一个非常富裕的地方,城里建设得很像样子。可惜的是一无可看——完完全全一无可看。在可爱的南浔之后来到这样一个一无可看的地方,使我们受到了沉重的打击。我们先步行十分钟左右,来到繁华的镇中心,走了几百步,就丧失了任何继续走下去的愿望,除了严悦到邮局买了一张电话卡之外,一无所获。于是我们掉头往郊外走,希望能有所发现,谁知越走越心烦意乱。唯一一个看上去有点像小村庄的地方,路边堆满了垃圾袋,到处是干涸的水沟,发出腐烂的臭气。我对严悦说,我从没在江南看见过如此肮脏的村庄。印象中的水乡村落,空气和色彩都应当一样干净,虽说称不上一尘不染,但是房子和物件也都坐落得井井有条。而眼前的村庄简直是一个垃圾场。

我们很气地回到 318 国道上，兴味索然。马路上不断有车开过——都是一些像魔鬼一样身体庞大冗长的车子，喇叭在大声嘶吼。真不明白，这个地方为什么那么吵闹。

正当我们完全失去兴趣的时候，我们看到了莺湖。这是平望的一个湖，旁边还有座莺湖公园，看上去很平常。真正让我们感到有点味道的是湖本身。其实我一直难以相信这是湖——看上去跟河流一模一样，而且还是一条比较宽阔的河。水面上航运繁忙，大大小小的船只来来去去，有些船货物装得太满，甲板几乎没进水里。岸边泊着不少船，形成一条虚线，其中有一段全部是瓜农的船，甲板上堆满西瓜，主人手拿着秤，或坐或站，很茫然地望着岸上的人。附近就有一个居民区，我想，这个水上瓜市的生意总应当还过得去。

假如我有照相机，就一定把这个景象拍下来，然而现在照相机坏了，一点办法也没有。我站在岸上，没有挪步。船家们并没注意到我，还是自顾自地在那里发愣，或者隔船聊天。有个妇人搬了只小竹凳出来，一屁股坐在船头，一会儿打量自己的瓜，一会儿打量隔壁船家的瓜，一会儿对拿着秤的丈夫说话。我看看她，遗憾没有照相机——紧接着，我就决定用画的试试看。

画画并不是我的特长，只是我荒废多年的一门三脚猫功夫。当我站在莺湖的岸边，偷偷摸摸地拿出便笺纸时，满心祈祷不要被别人看见。谁知我刚刚勾了一艘船的半个轮廓，另外一艘船的船主就大嚷起来，说喂阿什么，有人在画你喏！那个阿什么——也就是坐在船头的妇人——先是茫然看看叫嚷的那个人，再茫然地朝岸上看过来，一眼看见我，便失声叫道："哦哟！"接着抛下凳子躲进船舱去了，还注意着一直把屁股对着我。我笑起来，对那个率先发出警告的船家说："不要跟她说呀！"她望着我，嘿嘿笑开了。

我没有办法，只好画空船。战战兢兢画了半天，还是一团糟。船家倒已经跳上岸来看了，头挤在一起，惊叹地窃窃私语道："像哦，像哦！"我说："那么难看，像什么！"他们抓着面孔笑起来，还是说："像哦！"有个人还问我是不是画家，我摆手摆得把便笺纸掉在地上。

有个笑话说：一对夫妇在公园里看见一个写生的人，站在他背后看了很久，最后丈夫叹了口气，郑重地对妻子说：看见了吧？一个人没有照相机，那该有多么苦恼啊！——我在岸上，被一群瓜农围着的时候，想到这个笑话，不由笑了起来：这句话说的就是我。

水中有一艘装煤的船，像瓜农们一样大惊小怪地嚷嚷着开过去了。船顶上高高地面对面站着一个小伙子和一个小姑娘——小伙子穿一身艳蓝色运动衫裤，小姑娘则穿一条红到不真实的连衣裙，看起来就像两个修长的色块，在风中穿梭而过。

我们没有顾上吃午饭，就急急地跳上了去黎里的巴士。平望到黎里，10公里。黎里到上海，97公里。

在黎里

到黎里是为了看柳亚子故居，但是首先要找旅馆和吃午饭。巴士依旧停在318国道上，跳下车立刻有许多三轮车夫像抢劫一样拥上来。

黎里的路是一截铺石头，一截浇水泥。路边种满了大树，只在马路中间留出一条照满阳光的羊肠小道。人们可以走在郁郁的林荫下面，汽车就开在中间阳光灿烂的小道上。我和严悦站在一座标明"一九九八年造"的桥旁边，吃不准要不要走进河边那个小旅馆的门。这时有个十五六岁、穿着校服的白净小姑娘背了个书包走过来，操着当地口音对我们说："你们找旅馆吗？"说着指指令我们犹豫不决的那个旅馆，"进去看看吧。是我家开的，蛮干净的。"她往里走，我们于是跟着她往里走。

进门是一个挺宽敞的院子，里面层层叠叠摆满了大大小小的花盆，种着各种各样的花草，其中有许多一望而知曾经过精心的修剪。看来店主是个爱好园艺的人。后来我们得知，开这家旅店的是一家三口，旅店是由他们自己的住房改造来的。那个不善言语的瘦小女主人带着我们走上楼梯，感觉就像是到哪个亲戚家去串门：所有布局都同普通的居民私房一模一样，楼梯角的公共浴室就是那种节俭人家的布置，门口挂个热水器。房间里装着带仙鹤图案的纱窗纱门，外面还有自家用的那种式样的阳台。

我走到阳台上，去看楼下院子里的花草。都是一些颜色温柔的植物，安静地绿着，不张扬，正像这一家三口的那种个性。店主这些花草，照料得真是非常好。

一条小河，边上筑着已经非常旧的水泥栏杆，栏杆外面是更加旧的石子街道，街道里面就是柳亚子故居。依旧是我所熟悉的老式房子，跨进门槛，整个世界都阴凉下来，丝丝寒意从皮肤沁进身体里来。

楼下有好几个展厅，讲述柳亚子的生平、展示他的著作。房子很大，一进连着一进，走到以为下面就不会再有的时候，转个身、跨一步却又看见一进。每进天井前面的那条窄小走廊，往左往右看去都是一片黑糊糊，再有什么快乐悲伤或者是可怕的事情，也都沉落在漆黑一片里面。我什么也不敢看，却又忍不住不看，揣着一口气，只想快快走到尽头，可以让我回到外面，回到此世的夏天里。可怕的是，在一条走廊里面，有暗红色的楼梯通往楼上，就像一条长长的咽喉，我一眼看见，吓得直跳了起来，拽着严悦的手就往外冲。严悦说："干什么？你不上楼了吗？"我说："不上去了。不上去了。"穿过没完没了的一进又一进，各种情绪从我身上四向飞散，只留下了害怕。

最外面的一进里，有两个男人，看样子是刚刚进门，正低着头聚精会神地研究玻璃柜里的照片，两颗一样圆而头发稀少的脑袋相亲相爱地凑在一起。看见他们，我的情绪到底收敛一些。我拖着严悦坐在紧挨大门的天井里那张石凳上，望望墙垣上匍匐着的天空，一句话也说不出来。半晌，严悦说："你怎么又那么害怕？"我说："是的。"我对老宅子的过敏有越来越加重的趋势。

严悦说:"要不要给你听张信哲的歌?"我说不要。顿了顿又说好吧。她就从包里拿出随身听给我。磁带给她听到一半,耳朵里张信哲把一首歌从中间开始唱起,激动得深情得不得了。钢琴大喜大悲地跳跳蹦蹦像做有氧操,鼓点只好蒙住在缠绵里偷偷摸摸地敲敲,小提琴像过山洞的火车,轰隆隆开进去,没有了,一会儿又轰隆隆地开出来,张信哲的声音时近时远,像雪白的窗帘粘着大风窜出窜进,不时把一阵温暖的雨带到房间里。有道理,他的温情脉脉好像家里的地毯那样亲近和实在。听张信哲的歌居然有壮胆的作用。

天井很安静。墙垣和天空之间,细密地排列着一群绿色藤蔓,湿润诱人的绿,像一排小牙齿。外面坐着卖票的两个女人,有一搭没一搭地说话。我望着她们的嘴巴,听到张信哲的歌声。听了一会儿,我站起来说,好吧,那么我们就上去看看。

圆脑袋的两个男人还是在津津有味地研究照片。

楼上的房间基本上全部是空的,只在门边上写这是谁谁谁什么身份的人的房间。在我们后面,噔噔噔跑上来四十几岁卷发的管理员和她的小孙女。她们抢到我们前面,毫无顾忌地往前走,在深处挑了一个面向走廊的房间,小女孩站到地板中央,大声地唱了起来。她唱《小熊过桥》——我小时候最熟悉的儿歌。她朗朗地说小熊小熊别害怕,把红地板的空房子当作她的舞台,非常勇敢。

从柳亚子故居出来之后,我们坐在河边的石长凳上休息。十步开外左边的河上架着一座小桥,十步开外右边的河上也架着一座小桥。五步开外的另一张石凳上,静静坐着一个老妈妈和她怀抱里两三岁的孙子。四周静谧，绿色掉在河里，像油浮在水面上，薄薄的一层。

我们不说话，久久注视水面。河非常窄，并且是越看越窄，看得我还以为这条河是随便一跨就能过去的。我把这种错觉告诉严悦，她笑起来说：是的是的，我也这样想。我说：可是，假如我们真的看得入了神，而站起来一脚跨过去的话，我们就完蛋了。严悦笑道：是的是的。不能多看。

一阵绿阴阴的风吹过来，从我们的头发之间穿梭而过，也说：是的是的，不能多看。

河水那么绿，真是绿得叫人不能走开，叫人想一步跨过去。

我们转个身，往老街深处走——这些天来，转身往老街深处走已经成了我们的习惯。游荡在距离河水不出两米的石子路上，令我们身心放松。

路边有镇上的影剧院，看外观像个待拆的礼堂。电影预告栏是《解放日报》展示橱窗的那种式样，里面贴着自制的电影海报，风格像《故事会》的插图。我和严悦站在那里看得出了神。严悦说："喔，好噢！"因为这里在放上海去年公映的片子。她捅了我一下，问："要不要来看？"我说："好的呀好的呀。"我们一起笑了。

接着，我们就过了桥，跑到河对岸去。到河对岸的第一件事是买冰淇淋。那个店堂里有好几个小男孩在买我们看不懂的玩具，店主是一个大胖子，胖得连笑也很困难，却在教小男孩玩具的新名堂，说："这样……这样……就可以……这样……看到没？"

当我们发现基督教会的时候,已经走过了它的门口。我拉着严悦又折回去。这是一栋非常普通的砖结构老房子,建造时大概并没想用作教会。进门是一条走廊,墙壁上挂着不少照片,都是教会活动的留影——甚至还有结婚典礼的照片:新娘穿着样式很常见的那种白色婚纱,腮红上得过多的脸极其喜气,身边捧花的小孩身上也有一种和她相同的气氛——我看来看去,不大敢相信这就是令人神往的教堂里的婚礼,似乎过于亲切了,给人一种俗气的好感。

走廊的尽头实际上是一块非常大的空地,现在则全部用玻璃钢支起了穹顶——阳光透过绿色的玻璃钢洒下来,变成一种阴凉的金绿色,整个教会有种沉在水底的气氛。最前面搭了个台子,一边放着灰扑扑的风琴,台下全部是长凳。时间正是星期六的下午,教会里没有多少人,只有几个老奶奶坐在最靠近走廊的一张桌子边上,正在聊天。我同她们打招呼,她们叫我们"妹妹",挪挪身体让我们快坐一会儿。

我们于是坐下和她们一起聊。她们问我们从哪里来、来干什么,我就一一告诉她们。我说完之后,立刻有一位老奶奶提出疑问,表示她哪里没有听懂,我刚要解释,另外一位老奶奶却抢先回答了这个问题,可惜说得也不对,还没等我纠正,就又有一位老奶奶站出来纠正了,一时间七嘴八舌,谁也说不对。到最后,我还是自己重新说了一遍。她们望着我,眼睛微眯,嘴巴张开,恍然大悟地说:"哦……"我知道她们还是没有听懂。

这几个老奶奶都是教徒,在这里值班。有个老奶奶看看我,突然想起了她的孙女,于是详详细细地把她孙女今年考大学的过程全部告诉我听，连带把她的成绩也报了出来。其他老奶奶认真地听着，问："格么阿算高啦？"这位老奶奶说："我也不晓得呀。"说着转向我："算不算高啊？"我笑起来，指着严悦说："喏，她今年也考大学，她比我知道得多。"严悦红了脸。我们围成一圈，开始就老奶奶的孙女是否能被大学录取展开激烈的讨论，作出了种种预测，每次有人发言，其他人就眯起眼睛、张大嘴巴，说："噢——"

坐了一会儿，我说我们要走了。那个孙女今年考大学的老奶奶突然拉住我说："妹妹，你们出门在外，到哪里去洗澡呢？"言语中颇有想邀请我们去她家洗澡之意。我赶忙说旅馆里可以洗澡。然而还没等我说，旁边就已经有老奶奶解释了："哎呀，她们在旅馆里么有洗澡的地方的呀。"于是提问的老奶奶如释重负般地放开我，说："噢——"大家都笑了起来。

走到门口，我们回头望去——老奶奶们又在讨论着什么。她们无知无觉地坐在金绿色善良的阳光里面，就像坐在绿阴阴的水底，抬头可以看见流动的水面——可是她们不抬头，一次也不抬，她们仅仅相互望着，快活地眯起眼睛、张大嘴巴，说："噢——"

黎里没有像平望和南浔那样宽阔的大马路，整座镇仿佛一个巨大的居民小区。有的人行道造在高出地面一米的地方，走路要跳上跳下。在路边，我们发现了联华超市。严悦兴奋地嚷道："联华超市！"过去我们对联华超市并没有什么特殊的感情，但是黎里的联华超市顶着蓝底黄字的招牌，好像在告诉我们，我们离上海越来越近了。我们非常激动地跑进去买东西吃。

这天是我的生日,所以晚上我们去吃面。旅馆老板推荐的饭店躲在一条巷子尽头,叫作吉星饭店。

大堂里没有桌子,服务小姐叫我们两个人占了一间宽敞的包房。我们说我们要吃面。小姐说,什么面?我们说,大排面。——我和严悦都是坚决和安分的肉食者。小姐说,什么?我们重复,大排面——红烧大排。小姐走出去跟大师傅商量了一会儿,回来说,我们的大师傅不会烧红烧大排。严悦说,那么熏鱼呢?小姐很尽心地走出去,片刻之后回来说,我们的大师傅不会烧熏鱼。我说,那么荷包蛋呢?小姐说,加荷包蛋是可以的。小姐走后,我和严悦检查过门已经关严,躲在房里笑得倒了过来。不过,结果令我们满意:多得我们两个人连一半都吃不完的面,只要五块钱——我们又大笑了一通。笑到傻头傻脑的时候,我说,让我来偷点东西吧。于是我从牙签盒里偷了19根牙签,因为这是我的19岁生日。

走出饭店,天已经暗了下来。路边的水果摊装着小太阳灯,照得香蕉像要化成水滴下来。我们站在水果摊前,东张西望,小心不要让溶化的香蕉掉在脚尖上。严悦又在说有一天她和她的同学如何如何,做了一件如何如何的事,接着如何如何地笑。念叨了一会儿,她悄悄叹气,说:"我真是想他们!"我笑笑说:"我也是。"

其实,就是这天,我的高中同学有一个聚会,在97公里以外的上海。

在芦墟

我们早饭也没顾上吃，就慌不择路地跳上了去芦墟的巴士。318国道上一点也说不上有风景可看，可我们还是迷迷糊糊地向外面看。一下子芦墟就停在了车门外。

芦墟的长途汽车站是一座危房。几平方米的一间小屋子，除了靠墙的破旧长椅之外什么也没有——似乎也不会有谁来这里等车。我们在车站门口站了一会儿，又疲惫又兴奋地看着国道上汽车来来往往。芦墟是我们的最后一站，几个小时之后，我们将从这个像遗物一样的车站门前跳上回上海的车。而现在我们仍旧在旅途中。

我们向车站旁边看厕所的一个老太太问了路，往前走，打个弯，过了一座大桥，就到了芦墟镇。

从天空的颜色看起来，今天又是炎热的一天。时间还早，街道两边的商店都没开门，炎热的上午也尚未赶到，气温以一种人们所不能觉察的细碎脚步慢慢升高。我和严悦学着气温的样子，静悄悄地，小步往小镇中心那条小河走过去。

在很近的距离里，两座看不出什么区别的石拱桥跨河站着。岸边种满了大树，叶片沉甸甸的，颜色又深又炎热。一棵苦连树很痛苦地从筑桥墩的石头缝中探出来，一直探到河正中，僵直的姿态，好像依旧抱着往前挣扎的决心。我们看看连树，又看看桥,又看看河,看了一会儿,相视一笑。像这样的景色,许多天来已经深深烙在我们视网膜上,我们看也是没看,没看也是看——都是一些如同自己的指甲一样亲近的东西,熟稔于心却又不好意思展示出来。

有个人在河对岸的水桥上洗许许多多杂七杂八的东西。我们注意地看了半晌,扭头沿着河往前走去。在我们的心里有一串傍河而生的树荫,与我们头顶上的绿荫既重合又游离。灰绿色的光线像水波般荡漾开去。

气温已经升高了,小镇也热闹起来。我们沿着河道,没有方向地恋恋地走下去,见桥过桥,有时穿过小弄堂,有时走过小商品市场。小商品市场里有许多卖渔具的人,最多的是一种筒高得像电线杆的雨靴,专门给人摸鱼用。我对严悦说:"真是好啊,这种靴子!梅雨涨水的那段时间,要是有这样一双靴子就好了。"

我们依旧是一副躲躲闪闪的样子,歪着头看到临街老宅的门里面去。门都又高又窄,带着柔软地凹陷下去的门槛。有些门里是一条像井一样深窄的走道,漫长的漆黑后面,夸张的光明扑面而来,仿佛失忆人的回想。一个女人在走道尽头摆了个藤椅,跷起脚坐在那里,心安理得地享受穿堂风——光明在她的背后,非常困难地抓着她的头发爬到她身上,轻而易举地被一阵阵穿堂风吹散了,而她自岿然不动,像上帝坐在黑暗的尽头,线条清晰,面目模糊。

从老房子门口朝里望,最可能见到的是老人。有个老爷爷坐在阴暗的堂屋里,侧对家门,把两脚高高搁在八仙桌上——那样高,简直让人觉得根本不可能把脚搁上去。看他的姿势,倒好像他的脚是假的。而他兀自在昏暗中老眼昏花地审视着自己的两只脚，眼光却游离于脚趾向上几厘米处的远方。他没有动。

路边有人放了个藤椅，旁边树上挂块牌子说"拔牙"。一个顾客坐下来，认真地咧开嘴，把扁桃体对牢整条街道。不远处，一个老得似乎永不会死去的老爷爷面街而坐。他的上排牙齿掉得一个不剩，下排牙齿则黄油油地全在——他永远也无法合上嘴巴，看起来就像永远神情茫然地在笑。

老街有种气味，特别是从路边的每个门洞里流出来。不是气氛，而是一种真正的气味。我和严悦一路嗅着它，从商榻嗅到芦墟。太熟悉却又难以描述的一种气味，像一堆忧郁的情感在慢慢蒸发，绵绵不绝。

我们像疲倦的孩子跟着河走，旅行包里装满了莫名其妙的忧伤。树荫不间断地陪伴我们往前走，连影子也是一种沉重的绿色，把老街的气味拦阻在地面上。我们走了很久很久，时间依旧停留在原处。

在河的一边，长着一棵很大的香樟树，枝枝叶叶，一直伸展到河面上方。河对岸，正对着香樟树，也是一棵大树，一样探出身去，到河面中间，与香樟树相亲相爱地握手。我对严悦说：隔河而住的这两户人家一定是亲家。她咯咯笑起来。我们慢悠悠地走过香樟树，到前面桥上转了个弯，又兜到河对面去，站在那棵不知名的大树底下。

正对大树的路边，是一幢一进叠着一进的旧房子，一望而知从前属于大户人家——现在自然已经被同心协力地瓜分了。门洞里，靠墙坐着一个至少有八十岁的老太太，默默地扇扇子，看见我们时微微笑了笑。我跑去问她，这是一棵什么树。她站起来走到门外，笑眯眯地抬头朝上看。老太太非常矮小，年纪虽然大，却依旧把自己收拾得清清爽爽——可以想象她年轻的时候该是多么秀气和干净的一个人。她说："这棵树我倒是不晓得。另外这几棵全是梧桐呀。"说着扇着扇子打量我们，依旧笑眯眯的。半晌，又说："这些树一直到很前面的地方——一路上这些树，都是我家老头子栽的呀。"我说"哦——"，惊喜地探头去眺望刚才一路走来的河岸……那些在我们头顶和心里拂动的树荫……老太太缓缓地开口，说："栽了倒有四五十年。不过我家老头子是已经没有了。"我又说"哦——"，扭头看老太太。她望着望不到头的梧桐树，清清爽爽的眼睛里是一种幸福的想念，整个人都笑眯眯的。

重新往前走的时候，我忍不住回头去看那个老太太。她站在岸边，周身笼罩着水乡特有的灰绿色雾气。属于她的树荫微微拂动，在她的头顶，在她的心里。

没想到，再往前一段路，我们居然来到了田间。我和严悦一前一后地走在田埂上，我积极地指给她看这个那个，尤其是芋艿那种酷似荷叶的绿色大叶片。我们随随便便跑到不知名的村庄，跟着鸭子在一幢幢二层楼房之间的夹弄里穿出穿进。又是那么安静，全世界的心跳温柔和缓下来的那种安静。

当看到路边的猪圈以及里面的老母猪时，严悦正恍恍惚惚地走在我前面。我叫她，让她快来看快来看。她转身一看，愣住了，接着跟跟跄跄冲老母猪走了几步，目不转睛地瞪着它。半晌，说："咦，这是什么啦？"我笑起来说："猪呀。"她指指猪松弛下垂、布满皱纹的肚子,说:"肚子怎么这样?"我说:"老母猪么。肯定生过几百只小猪崽。"她于是不再提问,只顾自己像看怪物一样打量慈祥的老母猪,不去理会猪圈所散发出的难闻臭气。

不远处有个妇人站在家门口,打着扇子,突然对另一个妇人说:阿什么,两个人在看你的猪喏!那个叫阿什么的妇人立刻十万火急地赶到我们面前,说:"干什么?"我说:"阿姨,她没见过真的猪,要多看看。"她一听,神态柔和起来,站在旁边给我们略述了一遍该猪的生平——原来它正有孕在身,随时都可能生小猪崽。严悦嘴巴大张,长吁短叹,眼光不能离开老母猪。

邮电局是我们要去的最后一个地方。这里像同里的邮电局一样,大堂里放着桌椅。我和严悦贪恋地待在"空调开放"里,面对面坐着,各自为自己写了一张明信片。

发出明信片,我们循着进镇的路往318国道走,一路雄赳赳气昂昂。有个开三轮摩托的车夫从后面赶上来,问:"小姐,到哪里去?我送你们。"我笑道:"去上海,送不送?"他愣了愣,和严悦一起笑起来。我跟严悦笔直往前走,他又赶上来,说:"去呀,我送你们去上海!"

我们背着大包,飞快地朝318国道走去。风吹过来,我们大笑。

我们坐着长途汽车,飞快地掠过公路下面方方圆圆、曲曲弯弯的水道,唏嘘感叹中突然回到了青浦汽车站——十几天以前,我就是乘着车到这里,随后去商榻租船的。现在我回到了这里。

我站在候车室等待回家的车,望着熙熙攘攘的人,满心的留恋。一路上许许多多人、许许多多地方、许许多多事情像鱼儿般浮出我情绪的水面，江南水乡的灰绿色雾气在我身体里静静流过。世界圆溜溜的，默默无语。

站在回家的车上，我想念着芦墟那个笑眯眯的老太太。我念念不忘梧桐树下她纤小的身影。整个江南水乡化作一长串绿色树荫，笑眯眯地从我的头顶掠过了。

我笑起来想：江南就是这样一个流连在岸边树荫下、清清爽爽的爱情故事吧？

雨紧跟在我身后。刚刚踏进家门，它就落了下来。

后记：从起点到终点

当我疲惫肮脏地从旅行中回来，开始写这本书时，绝对没有想到，自己在电脑面前枯坐三个月之后，究竟会把江南说成一个什么样子。我写啊写啊，正如今年夏天我和我的伙伴严悦在陌生的路上走啊走啊，累死也不停下。此时此刻我松了一口气，正如我背着大包看见亲爱的家门时那样。我说：啊……

我再次想起出发前两天的那个晚上，我从电视里看了个英国电影，叫作《从起点到终点》。它说的是：一个老人在年轻时常对俱乐部的朋友说要徒步行走800多公里去另一个城市，然而没有人相信他，于是他退休之后就真的做了这样一次尝试。那天晚上我非常困，老人才走200公里，我就睡着了——我毫不怀疑他最终的成功。我现在仍然深深记得老人的女儿那一句怨言："他买靴子就花了70多英镑——坐出租去那儿也用不着那么多。"一瞬间我明白了行为的魅力。当老人双脚肿胀地走着800公里的每一份时，他实现了自己的愿望。

从起点到终点——我说过我的江南之行是一次荒唐之旅，可是我依旧从起点走到了终点。现在我不时同严悦说起路上的点点滴滴，两个人尽兴地嘲笑着当时狼狈不堪的自己；与此同时，四通八达的水道像风一样从我们发丝间悠游而过，那些恍若梦境的窄长街道也缓缓踱过我们的回想……还有老城里湿答答的气味……太湖里的水草……从起点到终点,一个无法重复的江南水乡。我们坐在一起,注视膝盖前面很深很深很深的某个地方,偷偷摸摸地回想我们的无法重复的江南——幸福感宛若河水,有点黯然地往低处流下去。

好不容易,这本书也从起点走到了终点。这次跟之前有严悦做伴不同,是我一个人的江南之旅。写不下去的时候,我无限忧伤地望着计算机屏幕,大口喝茶。我孤身一人,在树荫拂动的江南。

有时我经过河边,望着水面上的船只来来去去,总不由会想:嗯,我曾经也这样在水面上来来去去啊——只是在不久以前。

我要感谢锦溪的徐德仁伯伯热情地为我提供帮助。要感谢爸爸、妈妈长久以来对我的尽心支持。还要感谢我的旅伴严悦,同我一起四处游荡,一路上给我许多陪伴和启示。谢谢!

还有我的小狗欢欢——今年夏天它走失了。我依旧抱着渺茫的希望,愿它没有死去,而是做了一条野狗,神游在江南错综的水道岸边,走过每一条我曾经走过的路。

图书在版编目（CIP）数据

随波逐流 / 许佳著 . —上海：文汇出版社，2019.7
（新时期嘉定作家群文学丛书）
ISBN 978-7-5496-2890-2

Ⅰ . ①随… Ⅱ . ①许… Ⅲ . ①游记－作品集－中国－当代
Ⅳ . ① I267.4

中国版本图书馆 CIP 数据核字（2019）第 127974 号

随波逐流

著　　者	许　佳
策　　划	朱耀华
责任编辑	徐曙蕾
特约编辑	甫跃辉
装帧设计	张志全

出版发行　　文匯出版社
　　　　　　上海市威海路 755 号
　　　　　　（邮政编码 200041）

照　　排　南京理工出版信息技术有限公司
印刷装订　上海天地海设计印刷有限公司
版　　次　2019 年 7 月第 1 版
印　　次　2019 年 7 月第 1 次印刷
开　　本　890×1240　1/32
字　　数　140 千
印　　张　6.5
印　　数　1-2800

ISBN 978-7-5496-2890-2
定　　价　36.00 元